Georg Meinecke / Das Problem des Bewußtseins

ERFAHRUNG UND DENKEN

Schriften zur Förderung der Beziehungen zwischen Philosophie und Einzelwissenschaften

Band 32

Das Problem des Bewußtseins

Über seine Wiederentdeckung in der programmierten Welt

Von

Dr. Georg Meinecke

DUNCKER & HUMBLOT / BERLIN

Alle Rechte vorbehalten
© 1969 Duncker & Humblot, Berlin 41
Gedruckt 1969 bei Alb. Sayffaerth, Berlin 61
Printed in Germany

Inhaltsverzeichnis

A. *Das Bewußtsein im technisch-naturwissenschaftlichen Leistungsfeld* .. 9
   1. Die bewußt gesteuerte Verwandlung der menschlichen Umwelt .. 9
   2. Die Maschine und das „Ding an sich" 10
   3. Die Maschine als verwirklichte Idee 12
   4. Das Mehr-als-Abbildbare der Ideenverwirklichung 14
   5. Abweichungen von der traditionellen Logik 18

B. *Der Argwohn um die Realität des Bewußtseins* 21
   1. Ist das Bewußtsein physikalisch erfaßbar? 21
   2. „Außenweltansicht" und „Innenwelteinsicht" 23
   3. Zur Frage der Wissenschaftlichkeit der Bewußtseinsforschung 24
   4. Das „unglaubwürdige" Subjekt 28
   5. Die unabbildbare Natur des Bewußtseins 30

C. *Zeitgemäße Exempel der Beziehungsrealität* 34
   1. Der Operationalismus und die maschinenartige Systemrealität 34
   2. Die immaterielle Beziehungsrealität der Naturgesetze 36
   3. Die Beziehungsrealität sozialer Systeme 39
      a) Das Vorkommen des Bewußtseins in lebenden Zellverbänden .. 39
      b) Vorformen der Gestaltdienlichkeit des Zusammenwirkens im Organischen 40
      c) Die Bedeutung des Machtfaktors in der Systemrealität des Organischen 41
      d) Die Anfechtbarkeit der Macht 44

D. *Der verhaltenswissenschaftliche Zugang zum Sichgewahrsein* 48
   1. Die Beziehungsrealität der Selbstbeobachtung 48
   2. Die Beziehungsrealität der Selbstgewißheit 49
   3. Die Selbstkritik und die Einsicht in Erwägungen 52
   4. Person, Ausdruck und Verhalten 54

E. Die Realität des Vorhabens 55
   1. Die Vorsätzlichkeit der Programmierer 55
   2. Organe des eigeninteressierten Vorgriffes 56
   3. Das Ich als „Macht und Liebhaber" 57

F. Die Rangpositionen psychischer Energien 60
   1. Das „Geistige" und seine „Träger" 60
   2. Exemplarische Kriterien der Positionsebene 62
   3. Das Leib-Bewußtseins-Verhältnis 64

G. Die organischen Bewußtseinsträger 67
   1. Die Nachrichtenübermittlung als Lebenserscheinung 68
   2. Die Fragilität des Nervensystemes 72
   3. Die Übermittlungsfunktion der Nervenfaser 73
   4. Die Aufrechterhaltung der Ganzqualitäten 76
   5. Die Wiedererweckung von Ganzqualitäten 78
   6. Geltungsermächtigung und Geltungsbehinderung 81
   7. Die Ganzheitlichkeit der Geltungsermächtigung im Bewußtsein .. 83
   8. Der organisatorische Ort spezialisierter Hirnfunktionen 84

H. Exemplarische Bewußtseinsinhalte   86
   1. Das Sichinformieren 86
      a) Erfahrung oder Information? 86
      b) Das Sichorientieren in der Außenwelt 88
      c) Das Realitätsinteresse im Bereiche der Wahrnehmung 89
      d) Die Mitbestimmung der Wirklichkeit 91
      e) Kriterien der Wirklichkeitsmitwirkung im Erkennen 93
      f) Typen des Erkennens 95
   2. Sich etwas vorstellen können 100
      a) Die reproduktiven Vorstellungen 100
      b) Die produktiven Vorstellungen 103
      c) Die Realität der Idealität 107
   3. Sich einsetzen und sich durchsetzen 109
      a) Die Positionsebene des Wollens und Handelns 109
      b) Sich entscheiden und sich bescheiden 112

      c) Motiv oder Ursache? 113
      d) Sich verantwortlich wissen 114
   4. Sich vergewissern und sich irren 117
   5. Sich sorgen und sich freuen können 119

I. *Die Beziehungsrealität des Unbewußten* 122
   1. Das Nichtbewußte 122
   2. Die nichtbewußten Voraussetzungen des Bewußtseins 123

J. *Das Indirektbewußte* 125
   1. Das Unbewußte als Latenz 125
   2. Die unterschiedlichen Herkünfte des Indirektbewußten 127
   3. Indirektbewußte Strukturbedingungen 131
   4. Schöpferische Macht des Unbewußten 132

K. *Mächte der Ersatzstrukturen* 136
   1. Die Ersatzstabilisierungen in der Traumhandlung 136
   2. Die neurotischen Ausweglosigkeiten 138
   3. Strukturverlagerung und Selbstentfremdung 140
   4. Die Grundverstimmungen und das Problem ihrer Bewältigung .. 142

L. *Bewußtsein und seelische Gesundheit* 145
   1. Sind Programmierer Widersacher der Seele? 145
   2. Die zuversichtlichen Programmierer 147
   3. Die Existenz zwischen „Gemachtem" und „Gewachsenem" 148
   4. Naturgegebene Grenzen der Programmierbarkeit 150

M. *Leistung und Rang des Bewußtseins (Zusammenfassung)* 152
   1. Das spezifische Leistungsrelief des Bewußtseins 152
   2. Die qualitative Reichhaltigkeit an Wertungsaspekten im Bewußtsein 154
   3. Zur Rangbestimmung des Bewußtseins 155

N. *Literatur* 156

A. Das Bewußtsein im technisch-naturwissenschaftlichen Leistungsfeld

1. Die bewußt gesteuerte Verwandlung der menschlichen Umwelt

Eine der auffälligsten Erscheinungen unseres Jahrhunderts ist die enorme Veränderung unserer Umwelt, die nicht durch Naturkatastrophen oder ähnliche äußere Einflüsse, sondern vom Menschen selbst provoziert worden ist. Die Geschichte dieser Umweltverwandlung verweist auf den menschlichen Geist als eigentlichen Ursprung. Namentlich in den letzten Jahrzehnten, als die Technik ein Instrument der wirtschaftlichen Aktivität des Menschen wurde, entwickelte sie sich immer deutlicher zum Werk und Werkzeug des vorsätzlich steuernden und somit sehr bewußten menschlichen Willens. Technik gab es schon in der Antike; die Beispiele, die u. a. *Diels* dafür beibringt, zeugen von sehr frühen Anfängen technischen Denkens. Doch erst in unserer Zeit eroberte der Techniker die Umwelt und gab ihr sein Gepräge.

Das Bewußtseinsphänomen als solches hat sich in der Geschichte der Menschheitsentwicklung offensichtlich kaum verändert, weniger gewandelt als der anatomische Stil des menschlichen Leibes, der es trägt. Wohl aber dürfte es in unserer Zeit in einem völlig neuen Lichte erscheinen, in einer Zeit, die eine Fülle von verkörperten Zeugen menschlicher Geistestätigkeit präsentiert. Ist doch die Realisierung von Ideen durch Maschinen eine Realisierung besonderer Art. Technische Schöpfungen weisen sich als funktionierende Wirklichkeiten aus, während Dichter und andere Künstler die Realität ihrer Erzeugnisse oft mühsam rechtfertigen müssen.

Doch wird von Naturwissenschaftlern wie auch von Geisteswissenschaftlern merkwürdig selten und meist nur beiläufig von der Abhängigkeit technischer Wissenschaften vom Bewußtsein gesprochen. So ist bemerkenswert, daß z. B. Otto *Janssen* in seinem gedankenreichen Buche über Dasein und Wirklichkeit in dem Kapitel: „Die geistige Schöpfung" recht viele geistige Gebilde aufzählt, wie z. B. „Meinungen", „Auffassungen", „Theorien", „Hypothesen", „Systeme" und — was besonders für seine Objektivität spricht — auch Geistgebilde „emotioneller Artung" erwähnt, aber Maschinen mit keinem Wort berücksichtigt. Gewiß würde er diese, daraufhin angesprochen, auch zu den geistigen Gebilden rechnen, zumal er ausdrücklich vermerkt, *daß jeder echten Verrichtung oder Handlung (des Menschen) die „Schöpfung eines wenn auch noch so primitiven geistigen Gebildes"* vorgelagert sei (S. 85; 1938).

Alle bisher verwirklichten Maschinen mußten einmal erfunden werden. Mag es auch öfter vorgekommen sein, daß entscheidende Einfälle dem Unbewußten entstammten oder gar von unbelebtem Sosein vorgezeigt wurden, so daß sie nur nachgeahmt zu werden brauchten, des Durchganges durch das Bewußtsein bedurften alle Erfindungen und Entdeckungen. Sogar dann, wenn nicht nur die Ausführung von Programmen, sondern auch das Programmieren mehr und mehr von Maschinen übernommen werden wird, bleibt die Entstehungsgeschichte dieser programmierten und programmierenden technischen Welt vom Bewußtsein abhängig, weil sie ohne die ursprünglichen menschlichen Geistesleistungen nicht zustande kam und weil auch theoretisch kein Weg aufgezeigt werden kann, wie sie ohne diese menschlichen Geistesleistungen hätte zustande kommen können.

2. Die Maschine und das „Ding an sich"

Durch die Maschine hat sich auch erkenntnistheoretisch etwas schlechterdings Revolutionäres vollzogen. Offenbaren sich doch in der heutigen Maschinenwelt zahlreiche Formen, die es in der vortechnischen Zeit überhaupt nicht gab und die von der menschlich unbeeinflußten unbelebten Natur heute noch nicht hervorgebracht zu werden pflegen. Mag man in Übertragung eines Gedankens, den *Leibniz* auf die Monaden bezog, zwar voraussetzen, daß nichts aus der Natur gemacht werden kann, was nicht in ihr als möglich vorgegeben ist, so bleibt doch die Tatsache unbestreitbar, daß viele technische Neuheiten wie z. B. Sprechmaschinen, Fernseher, Glühbirnen usw. in der vortechnischen Zeit in der Natur noch nicht vorkamen. Nicht nur Maschinen, auch Hunderttausende von Stoffen sind erst durch den Menschen in die Welt gekommen. So vermerkt der Biochemiker *G. Weitzel* (218; 1964), daß von den rund 900 000 Verbindungen, welche die organische Chemie heute kenne, mindestens die Hälfte nicht in der Natur vorkomme, sondern erstmals im Laboratorium synthetisiert wurde.

Gegenüber anderen menschlichen Werken — z. B. Kunstwerken — sind die Maschinen dadurch ausgezeichnet, daß sie als verwirklichte neue Dinge in offener Realität vorhanden sind. Eine Dichtung z. B. ist meistens erst im übertragenen Sinne, eine funktionstüchtige Maschine dagegen ist unmittelbar real. Dabei ist erkenntnistheoretisch bemerkenswert, daß es den Menschen gelang, neue reale Dinge hervorzubringen, ohne daß damit die prinzipielle Unerkennbarkeit des Dinges an sich aufgehoben wurde. Offensichtlich hat diese prinzipielle Unerkennbarkeit des Dinges an sich den Homo faber nicht daran hindern können, viele und überraschende neue Dinge zu schaffen. Wenn irgendwann, dann wäre eigentlich erst heute der Zeitpunkt gekommen, diese Welt als Spiegel des menschlichen Bewußtseins zu betrachten. Gerade in dieser Zeit, in der die Maschine das Maß aller Dinge zu sein scheint, hat der Mensch den Dingen seinen Geist aufgezwungen.

Sogar die chemischen Elemente kann der Mensch verwandeln, ohne die innere Beschaffenheit dieser kleinen Welten ganz zu kennen. Wie kaum zu einer früheren Zeit könnte man auf den Gedanken kommen, der menschliche Geist vermöchte die Dinge zu verwandeln wie er will. Jeder Naturwissenschaftler weiß indessen, daß die Dinge bei solchen Verwandlungen ein *erhebliches Mitspracherecht* geltend machen. In manchen stolzen Berichten über naturwissenschaftliche Erfolge kommt in neuerer Zeit das Sosein der Dinge allerdings immer weniger zur Geltung. Statt dessen nehmen die Schemazeichnungen in auffälliger Weise zu. Sogar in biologischen Berichten verdrängen diese die vordem realen Abbilder der Tier- und Pflanzenformen, Gewebe und Zellen immer mehr. Ganze Kongresse finden unter diesen Aspekten statt, wobei immer häufiger auch die wissenschaftlichen Bezeichnungen durch Abkürzungen und Zahlensymbole ersetzt werden. Wie verschiedenartig das begründet sein mag, ein Grund ist zweifellos darin zu suchen, daß der programmierende Geist fortgesetzt und mit Erfolg der Natur seinen Willen aufzwingt.

In den Laboratorien selbst weiß man sehr wohl, daß die Natur nicht in beliebiger Weise veränderlich ist. Auch die verwandelten Dinge machen hartnäckig ihr Mitspracherecht geltend. Ja noch mehr: trägt die unverwandelte Natur eine Maske, so die verwandelte abertausend Masken. Die Erfolge der Naturwissenschaften beruhen geradezu darauf, daß man der Natur als Lehrmeisterin gehorchte und ihr ihre Verwandlungsmöglichkeiten abzulauschen verstand. Mag sich mit der Verwandlung der Dinge deren Unerkennbarkeit wandeln, so hebt sich diese jedoch nicht durch sie auf. Das erfordert nach wie vor die Durchführung von Experimenten. Wäre alles durchschaubar und somit vollkommen vorhersehbar, dann wäre das Experiment in der Tat sinnlos. Ähnliches hebt auch *Driesch* gelegentlich hervor (223; 1926). Somit gilt nach wie vor, was *Ramon y Cajal* (62; 1954[4]) den Forschern empfiehlt: „*Wir müssen die Inspirationen in der Natur suchen.*" Das steht nicht im Widerspruch zu der Tatsache, daß es dem menschlichen Geist gelang, vordem nie dagewesene neue Dinge zu schaffen. Es gelang ihm das deshalb so vortrefflich, weil er es verstand, die „Dinge für sich denken zu lassen", sofern das angebracht war.

3. Die Maschine als verwirklichte Idee

Wenn wir auch den vielzitierten Satz *Kants* vom Verstand als Gesetzgeber der Natur (*Kants Werke* Bd. 4; S. 203) dahingehend einschränken müssen, daß diese dabei so erheblich mitspricht, daß sie sich zwar hinsichtlich ihrer Formen, nicht aber in ihren allgemeingültigen Gesetzen verändern läßt, so bleibt unbestritten, daß gerade unsere Zeit eine Vielzahl von Dingen demonstriert, die sich im wesentlichen als verwirklichte Ideen des Menschen auszeichnen. Es ist in großem Umfange gelungen, „Ideen in Dinge zu verwandeln". Gemeint sind damit Ideen, die zu ihrer Existenz zunächst des Bewußtseins bedürfen.

Descartes benutzt das Wort Idee zur Bezeichnung für alles, was vom Geiste erlebt wird oder erlebt werden kann. „Mit dem Worte Idee", so schreibt er, „bezeichne ich alles, was in unserem Bewußtsein sein kann." Und er betont weiterhin, wie es *Grau* (30, 57; 1916) näher belegt, daß nichts vom Geiste erlebt wird oder werden könne, außer durch *Vermittlung von Ideen,* die wir sowohl von den uns wahrgenommenen Gegenständen wie auch von der Tätigkeit unserer eigenen Seele gewönnen.

Für sich betrachtet ist die Maschine ein lebloser Komplex aus verschiedenartig geformten und meist mechanisch zusammenwirkenden Einzelteilen. Die Tatsache, daß heutzutage Maschinen von Maschinen vollautomatisch hergestellt werden können, verleitet wohl manchmal dazu, die Mitwirkung der menschlichen Geisteskräfte beim ursprünglichen Zustandekommen solcher leblosen „Komplexe" zu übersehen. Die typische Maschine ist zwar ein lebloses Naturgeschehen, aber ganz und gar kein solches, das allein aus der Leblosigkeit der Natur zu begreifen wäre. Sie besteht nur insofern aus leblosen Teilen, als ihre Entstehungs-

3. Die Maschine als verwirklichte Idee

geschichte nicht berücksichtigt wird (vgl. auch *Oparin*, A. J.: 17; 1963). Für eine Kausalbetrachtung des Naturgeschehens „Maschine" — sei diese auch vollautomatisch von Maschinen hergestellt worden — ist die Herkunft aus dem Bereiche des menschlichen Bewußtseins eine *unbestreitbare Beziehungsrealität*.

„Technik ist konkretes Sein aus Ideen" (Philosophie der Technik, 1. Auflage).

„Technik ist reales Sein aus Ideen durch finale Gestaltung und Bearbeitung aus naturgegebenen Beständen."

(*Dessauer*, Friedr.: 115; 1959; hier weitere Zitate anderer Autoren zur Wesensbestimmung der Technik).

Vor ihrer endgültigen Bewährung wird eine technische Idee allerdings nicht selten beargwöhnt. Erfindungen werden oft als etwas Erdichtetes, Unwirkliches, ja sogar Erlogenes bewertet. „Die Personen der Handlung sind frei erfunden" kann man im Kinovorspann lesen; das Wort „erfunden" meint in diesem Falle, daß es an vollwertiger Realität mangelt. Nicht selten sind in der Geschichte der Technik und der Naturwissenschaften Erfinder wie Lügner und Schwindler behandelt worden. Erst das wirklich funktionierende Modell befreite sie selbst von ihren eigenen Zweifeln und die Umwelt von solchem Argwohn. Oft gelang es den Erfindern auch dann noch nicht, sich von dem Vorwurf, Lügner und Schwindler zu sein, zu befreien. Dafür gibt es viele Beispiele. So soll z. B. *Edison* nach der Vorführung seines „Phonographen" des Betruges durch Bauchreden bezichtigt worden sein. Analoges berichtet der Dichter Max *Dauthendey*, dessen Vater einer der ersten Berufsphotographen war, aus den Kinderjahren der Photographie:

Obzwar *Daguerre* einwandfrei bewiesen hatte, daß man mit der „Camera obscura" naturgetreue Abbilder von Gegenständen und Personen machen konnte, wurde seine Erfindung noch zwei Jahre später in Deutschland von Fachleuten, z. B. dem Meister des großen Taubertschen optischen Institutes, angezweifelt:

„Es ist verblüffend zu hören, daß der Meister dieser optischen Anstalt, nach oberflächlichen mißlungenen Versuchen, mit einfacher Handbewegung kurz und bündig die ganze zeitbewegende Erfindung für einen Pariser Schwindel erklärte" (*Dauthendey*, Max: 47; 1927).

Das Verfahren *Berkeleys*, „Ideen in Dinge zu verwandeln", erforderte für die meisten Erfindungen und Entdeckungen einen lebenslangen Kampf. Ja, oft reichte sogar das Leben eines Erfinders nicht aus — wie es gerade die Geschichte der Photographie zeigt —, eine Idee ganz zu verwirklichen. Das zeigt u. a., daß die Verwirklichung von Ideen mehr einem Kampf um das *Erringen* einer Position gleicht als etwa dem Zusammenstücken eines leblosen Komplexes.

4. Das Mehr-als-Abbildbare der Ideenverwirklichung

In der bisherigen Psychologie galt es als selbstverständlich, daß das Bewußtsein in einer gewachsenen Welt des Lebendigen beheimatet und daß es selbst nicht machbar ist. Gewiß wird diese sichere Position des Bewußtseins in einer gewachsenen Welt kaum in der utopisch optimistischen Weise erschüttert werden, wie sie Gotth. *Günther* voraussieht, der im Zuge der Entwicklung der transklassischen Technik sogar ein Bewußtsein der Maschinen für möglich hält, obzwar er zugeben muß, daß die bisherige Technik den Maschinen kein Ichbewußtsein verleihen konnte.

Dagegen ist es richtig, daß das Gewachsene der lebendigen und noch mehr das Gegebene der unlebendigen Natur keineswegs etwas Unveränderliches darstellen. Es gibt also die Wahrheit in der Übertreibung bei Gotth. *Günther*, wenn er schreibt:

„Das Sein hat jetzt keine von Ewigkeit her vorbestimmten Eigenschaften mehr. Das Bewußtsein kann ihm alle die aufzwingen, die es will..." (S. 64).

„... es beginnt sich langsam die Erkenntnis Bahn zu brechen, daß das Naturgesetz und der ontologische Charakter des Objekts eine abhängige Funktion des theoretischen und technischen Zugriffs des Menschen auf das ihn umgebende Sein ist..." (*Günther,* Gotth.: 65; 1957).

Diese Hinweise entbehren allerdings einer kritischen Überlegung darüber, *wieweit* die Fähigkeit des menschlichen Bewußtseins reicht, das Gegebene und Gewachsene umzuformen. Unabhängig von den zeit- und entwicklungsbedingten Grenzen dürfte es solche geben, die durch allgemein- und allzeitgültige echte Naturgesetze vorgezeichnet sind. Nicht alles indessen, was Physiker vielfach zu Naturgesetzen erhoben haben, betrifft wirklich allgemeingültige Gesetze.

Immerhin ist die Reichweite des Eingriffes menschlicher Verstandes- und Willenskräfte in das Gegebene der Natur erheblich. Der Mensch baut seine Hochhäuser bis weit in die vordem unberührten Schluchten und Berge hinein; er vermag „Gewachsenes" ziemlich rigoros zu ignorieren, er kann tatsächlich Berge versetzen. Sogar das früher als unteilbar angesehene Atom hat sich als relativ veränderlich erwiesen. Elementarteilchen können bei geeigneten Stoß- und Zerfallprozessen vernichtet

4. Das Mehr-als-Abbildbare der Ideenverwirklichung

werden. Dennoch aber gilt, daß auch hier Grenzen gesetzt sind; selbst in der von ihm mitgeschaffenen Welt kann der menschliche Geist nicht beliebig verfahren.

Insonderheit vermag der programmierende Geist seine eigenen Abhängigkeiten nicht zu ignorieren. Die bisher bekanntgewordenen typischen Maschinen — und nur von diesen kann bis heute Objektives ausgesagt werden — sind „reales Sein aus Ideen", wie es *Dessauer* als Techniker zutreffend darstellt. Daraus folgt zwangsläufig, daß der Werdegang der Maschine ein „ideentypischer" Werdegang sein mußte.

Daß Maschinen *erfunden* werden mußten, bedeutet u. a., daß sie in der bisherigen von uns kontrollierbaren Welt nicht ohne den Menschen — oder vorsichtiger gesagt: nicht ohne Lebewesen — aus Unbelebtem hervorgehen konnten. Bis heute bedurfte es zudem besonderer *geistiger Anstrengung* oder glücklicher Findigkeit, um etwas wirklich Neues hervorzubringen. Die Geschichte der Erfindungen und Entdeckungen zeigt immer wieder, daß um das *Gelingen* einer Erfindung und Entdeckung durchweg *gerungen* werden mußte. Das bestätigen auch die Selbstaussagen produktiv Schaffender. Sowohl subjektiv wie auch objektiv waren bisherige Erfindungen und Entdeckungen in erheblicher Mehrzahl geistige Eroberungen. Mit anderen Worten heißt das:

Die typische Maschine mag zwar zusammensetzbar sein, doch ihre Erfindung wurde nicht zusammengesetzt, sondern errrungen.

Mit dem Gelingen einer Entdeckung oder Erfindung wird eine neue geistige Positionsebene erreicht. Damit steht in historisch belegtem Zusammenhang, daß oft zunächst gar nicht die allgemeine Beurteilungsfähigkeit vorhanden war und ist, um die Wahrheit in der Gelungenheit (einer Entdeckung, Erfindung, geistigen Eroberung) zu erkennen und zu beurteilen.

So ist es bezeichnend, daß sogar aus mechanischen Hebelelementen usw. zusammengesetzte Apparate, wie z. B. die erste Schreibmaschine, von den zuständigen Fachleuten nicht im vollen Ausmaß ihrer Bedeutung gewürdigt und beurteilt wurden:

Peter *Mitterholzer*, der als einer der ersten ein funktionsfähiges Modell der Schreibmaschine bauen und vorführen konnte, vertrat mit Recht die *Vorbildlosigkeit* seiner Erfindung:

„Ich kann mit Stolz sagen, der Apparat ist meine Erfindung, indem ich ein schlichter Landmann aus Partschins bei Meran, nie etwas gesehen habe, was meiner Erfindung auch im entferntesten zum Vorbild gedient hätte" (Gesuch im Jan. 1870 an den oesterreichischen Kaiser. Vgl. *Cranichstedten-Czerva,* Rud.: Wien 1924; hier auch Hinweise auf weitere Erfinder, die *unabhängig voneinander* an der Erfindung der Schreibmaschine gearbeitet haben).

Obzwar *Mitterholzer* in seinen Gesuchen eingehend die praktische Brauchbarkeit seiner Erfindung begründete — wie z. B. ihre Schrift sei „leserlich für jedermann", „immer gleich schön", sie ließe sich auch „im Dunkeln schreiben", u. a. von „Kranken und Bettlägrigen" und sein Schreibapparat würde allen denen „vorzügliche Dienste leisten, welche mit geistiger Kraft arbeiten", diese könnten „ihre ganze Aufmerksamkeit auf ihre geistige Arbeit verwenden", und zudem sei der Schreibapparat „auch für den Geschäftsverkehr und in ökonomischer Beziehung wichtig..." — glaubte nur der Handelsminister *Wüllersdorf* an eine „nützliche Verwendung". Die zuständigen Fachgutachter dagegen gaben ein vernichtendes Urteil ab.

In ihrem Gutachten vom 25. 1. 1867, erstattet von Joh. *Hönig,* Professor der Geometrie, und Dr. Ignaz *Heger,* Professor der mech. Technologie, und Gustav *Starke,* Adjunkt der Werkstätte des k. k. Polytechnischen Institutes in Wien, wurde zwar anerkannt, daß

„ein tadelloses Funktionieren außer Zweifel stehe...".

Dennoch wurde attestiert, daß mit diesem Schreibapparat *„selbst bei ausgebildeter Fertigkeit niemals dieselbe Geschwindigkeit und die Sicherheit wie beim gewöhnlichen Schreiben erreicht werden dürfte."*

(Weitere Quellenangaben siehe: *Cranichstedten-Czerva,* Rud.: 16, 17, 37, 1924.)

Dieses Gutachten war — gemessen an dem *damaligen* Entwicklungsstand der Technik — insofern richtig, als man mit jener Schreibmaschine aus Holz gewiß nicht schneller schreiben konnte als mit der Hand. Dennoch war das Gutachten irreführend, weil es die *Dynamik der Entwicklungsmöglichkeit* ignorierte, die ein wesentliches Kennzeichen jeder Ideenverwirklichung ist, die über das Bekannte hinausgeht. So hätten jene sachverständigen Gutachter doch zumindest die Möglichkeit erwähnen müssen, daß man solche Maschinen würde auch aus Metall anfertigen können und daß in diesem Falle schon aus Gründen des geringeren Reibungsverlustes eine bessere Schreibgeschwindigkeit denkbar wäre.

Wir wollen bei solcher Kritik an schnellfertigen Gutachtern nicht verkennen, daß man es leicht hat, in der *rückschauenden* Kritik zu wissen, wie man es hätte besser machen können. Hier geht es lediglich darum, bezeichnende Erschwernisse einer Ideenverwirklichung zu studieren. Es ist kein Einzelfall in der Geschichte der Erfindungen, daß vornehmlich

4. Das Mehr-als-Abbildbare der Ideenverwirklichung

die rein kombinatorische, kurzschlüssig-assoziative Weiterentwicklung des Bekannten zu Fehlbeurteilungen gegenüber dem wirklich Neuen führt.

Als Heinrich *Goebel* (1818—1893), der Erfinder der ersten Glühbirne und damit der Erfinder brandsicherer Beleuchtungsquellen, eine von ihm zuvor erbaute elektrische Bogenlampe auf dem Dach seines Hauses zum weithin sichtbaren Leuchten brachte, „war dieses Experiment für ihn von einem unerwünscht großen Erfolg; er wurde als Urheber dieser für einen Brandherd angesehenen Lichterscheinung verhaftet und vor den Friedensrichter gebracht" *(Beckmann, H.: 1032; 1923).*

Die Geschichte der Entdeckungen und Erfindungen zeigt außerdem, daß die Ideen besserer und anderer „Kombinationen" sich nicht von selbst ergaben, daß sie vielmehr erst auf einem langen Entwicklungsweg gefunden werden mußten. Sogar die Umstellung auf einen anderen Baustoff verlangt ein geistiges *Umstrukturieren* (vgl. u. a. *Duncker, K.*: 28 f.; 1935). Die Synthese von Ideen ist etwas grundsätzlich anderes als die Kombination von Teilen. Die Umstellung von dem Propellerantrieb auf den Düsenantrieb bei Flugzeugen z. B. geschieht keineswegs in einem einfachen stückhaften Austausch der Antriebselemente, sondern sie erfordert eine durchgängige Umkonstruktion des ganzen Flugzeuges. Bei einer Vereinigung von Ideen setzen sich diese nicht einfach kombinatorisch zusammen, sondern sie *durchdringen* einander. Auch heute noch ist die Neukonstruktion einer Maschine das Ergebnis des geistigen Ringens um die Herausfindung des Bedeutsamen, das Abwägen zwischen verschiedenen Vorschlägen, ein „Oszillieren" im Für und Wider um die jeweils bessere und gelungene Lösung. Die Mithilfe der Computer ändert daran im Prinzip nichts. Eine Erfindung wird primär nicht errechnet, sondern mit Hilfe der Mathematik und anderer Hilfsmittel geistig erobert. Die Computer erweitern lediglich die Arena und den Eroberungsbereich unseres Bewußtseins.

Die gelungene Erfindung (und Entdeckung) demonstriert zwar eine *strenge* Beziehungsrealität ihrer Herkunft aus Früherem und Bekanntem, aber sie ging und geht über das Bekannte hinaus. Sie demonstriert damit zugleich eine Realität, die allein aus den Prinzipien der traditionellen Logik und insbesondere aus der alleinigen Herrschaft von Entsprechungswahrheiten nicht zu begreifen ist. Unsere heutige technische Welt ist voll von Beispielen für solche Beziehungsrealitäten, die keine Abbilder von Vorbildern sind. Nicht nur die Lüge, sondern auch das reale Neue vermag sich vom Vorbild zu entfernen. Gewiß vermochte es das auch schon zu *Kants* Zeiten, aber es gab damals nicht so viele und eindrucksvoll verkörperte Zeugen dafür wie heute.

5. Abweichungen von der traditionellen Logik

Die Psychologie des produktiven Denkens hat für das Mehr-als-Abbildbare der Ideenverwirklichung viele konkrete Beispiele beigebracht. Insbesondere M. *Wertheimer* hat durch eingehende Analyse der Vorgänge im produktiven Denken auf die Bedeutung der *Dynamik* des Denkens verwiesen:

„Die traditionelle Logik betrachtet es als eine der unverbrüchlichsten Grund-Regeln, daß die Inhalte eines Gedankenganges — Begriffe, Urteile und so fort — bei Wiederholung streng identisch bleiben müssen. So wichtig diese Regel für gewisse Fragen der Geltung ist, trifft sie auf das wirkliche Denken so nicht allgemein zu. In wirklichen Denkprozessen bleiben die Inhalte oft nicht streng identisch; und tatsächlich ist ja ihre Änderung, ihre Verbesserung genau das, was gefordert ist. Wenn ein Inhalt, ein Begriff oder Urteil, in dem Denkprozeß wiederkehrt und von einem atomistischen Gesichtspunkt identisch erscheint, ist es sehr oft nicht wirklich so. Seine funktionelle und strukturelle Bedeutung hat sich tatsächlich, und oft glücklicherweise, geändert. Blindheit für solche Änderung der Bedeutung verhindert oft produktive Prozesse..."

„... wenn man diesen Wandel außer Acht läßt, erfaßt man den Weg des Fortschreitens nicht. Denn Feststellungen usw. haben in ihrem Zusammenhang etwas *Gerichtetes* (Vektorielles). Hier kommt eine der Grund-Eigentümlichkeiten der traditionellen Logik ans Licht: Ihre Vernachlässigung der starken Gerichtetheit lebendiger Denkvorgänge, sofern sie eine gegebene Situation verbessern" *(Wertheimer*, Max: 247; 1957).

Erinnert man sich in diesem Zusammenhange daran, daß Logik — wie immer man sie bewertet — durch ein menschliches Verfahren zur Geltung kommt, das mit den tatsächlichen Werdevorgängen aller Arten von Ideenverwirklichung nicht vollauf identisch sein muß, dann bedeutet die teilweise Abkehr von dieser traditionellen Logik nicht, daß etwa Akausalität im Spiele wäre. Ebensowenig kann aus der Tatsache, daß in den Werdegang der heutigen Maschinenwelt Vorgänge zwischengeschaltet waren und sind, die dem menschlichen Bewußtseinsfeld angehören, etwa gefolgert werden, daß die Kausalität des Werdens in diesen Bereichen unterbrochen wurde und wird. Vielmehr zeigte sich in diesen Bereichen eine deutliche Aktivität, also keineswegs das Nichts einer Lücke in den Bedingungen, aus denen die Erfindung der Maschinenwelt hervorgegangen sein könnte. Die Konsequenz der Lückenlosigkeit der Bedingungen einer Entwicklung kann allerdings nicht nur an jener Art primitiver Kausalität, wie sie leblosen Dingen zukommt, erkannt und dargestellt werden, sondern nur an einer Kausalität, die Weiterentwicklungen garantiert, die über das Bekannte hinausgehen.

„Erfinden heißt, das tiefere Wesen der Dinge weiterentwickeln" (W. *Schmidt*, Erfinder der Dampfdruckturbine, zitiert nach G. *Heyer:* 25; 1939).

Produktivität gehört selbstverständlich zum ureigenen Auftrag aller Wissenschaften. Diese können sich nicht auf das Abbilden von Vorgefundenem beschränken, sondern sie müssen ständig über das Gegebene hinausgehen:

„Die wichtigste Eigenschaft des Gelehrten ist die Originalität, d. h. die Fähigkeit, die Sache noch tiefer zu erschauen als sie ihm dargeboten wird" (*Ramon y Cajal:* 128; 1957[4]).

Entdecker und Erfinder müssen bereits von der Wahrheit der ihnen „vorschwebenden Ideen" überzeugt sein, *bevor* es zu deren endgültiger Verwirklichung kommen kann. Aus diesem Grunde können sie die Vorgegebenheiten keineswegs ignorieren, sondern sie müssen sie in dem oben angezeigten Sinne tiefer, d. h. mit weiterentwickelter Gründlichkeit, erschauen.

In Wahrheit handelt es sich hierbei um ein Zusammenspiel von Gründlichkeit und Großzügigkeit, für das es kein allgemeingültiges Rezept gibt. Wahre Entdeckungen können sogar durch falsche Anfangstendenzen ausgelöst werden, wie das die Entdeckung Amerikas zeigt.

Die Geschichte der Entdeckungen und Erfindungen offenbart an vielen erfolgreichen geistigen Eroberungen, daß die Wahrheit in der Entsprechung, in der Kopie und in der vorbildgetreuen Beschreibung, nicht das allein ausschlaggebende Wahrheitskriterium sein kann. Echte Erfindungen haben kein Vorbild und echte Entdeckungen geschehen auf Wegen, die vorbildlos erstmalig zum Erfolg führen. Die Realität solcher Entwicklungen legt die Auffassung nahe, daß Unabbildbares nicht etwas Unreales sein muß. Da sowohl in der heutigen Physik wie auch in der Psychologie Unabbildbares — verschiedenartig Unabbildbares — angezielt wird, sollte grundsätzlich auch das Wahrheitsideal den neuesten Entwicklungen angemessen sein.

Es lassen sich unterscheiden:

1. *Die Wahrheit in der Vorhandenheit*
   (Das Sosein von Dingen, Zusammenhängen und Wirkungen.)
   — Das meinungsfreie Seiende —

2. *Die Wahrheit in der Zuhandenheit*
   (Das richtige Erkennen und Bewirken von Vorhandenem.)

Übereinstimmungen, Entsprechungen zwischen Abbild und Vorbild, zwischen dem Sosein und der Aussage über dieses.
Situationsgemäßes Handeln. „Mitschwingung", „Konkordanz".

3. Die Wahrheit in der Gelungenheit

— Die Zusammenstimmung im neuen Sosein —

Streng genommen ist auch die Wahrheit in der Entsprechung dem Prinzip der Wahrheit in der Gelungenheit unterstellt. So setzt die vorbildgetreue Abbildung eines Naturvorganges die Gelungenheit des Abbildungsverfahrens voraus. Es mußte das Verfahren der Photographie oder der Filmaufnahme erfunden, und es mußte die Erfindung ausreichend gut entwickelt sein, um eine gute Abbildung zu ermöglichen. Auch unsere Sinnesorgane müssen optimal „gesund" sein, das Leben mußte die Positionsebene der Bewußtseinsfähigkeit errungen haben, ehe wir überhaupt imstande sind, uns ein Bild von unserer Welt zu machen. Da es Pseudoerfindungen und Pseudoentdeckungen gibt, ist das Gelungensein nicht nur eine wahrheitsneutrale Gestaltung, sondern — wie es die vielen Maschinen in unserer Zeit zeigen — eine solche, deren Realität nicht in Frage steht. Unsere bewußt geplante Welt demonstriert Realitäten, die — soweit sie wirkliche Neuheiten darstellen — ohne Vorbild und also mehr als Abbilder sind.

B. Der Argwohn um die Realität des Bewußtseins

1. Ist das Bewußtsein physikalisch erfaßbar?

In seiner Philosophie des Organischen vertritt Hans *Driesch* die Auffassung (226; 1928[4]), die Begriffe „bewußt" und „Bewußtsein" gehörten *nicht* zum Teil des Gegebenen, den wir Natur nennen, sondern sie gehörten ausschließlich der introspektiven Psychologie an. Dem ist gewiß im Sinne des prinzipiellen Unterschiedes zwischen der Außenweltansicht und der Innenwelteinsicht soweit zuzustimmen, daß die Introspektion überhaupt erst über das Bewußtsein Aufschluß zu geben vermag. Diese Befähigung zur Introspektion ist jedoch nicht eine mysteriöse und unnatürliche Angelegenheit, sondern zumindest ein Vorkommnis in der menschlichen, lebendigen Natur. Noch mehr: Da der lebendige Leib aus Stoffen und Energien besteht und da ein Bewußtsein ohne diesen Leib bisher nicht angetroffen wurde, dürfte eine recht enge Beziehung der in diesen lebendigen Leib in besonderer Weise organisierten Stoffe und Energien zum Bewußtsein bestehen.

Ob allerdings die Physik mit ihren typischen Verfahrensweisen einen Zugang zum Bewußtseinsphänomen ermöglicht, muß fraglich erscheinen. Wenn auch der Physiker heutzutage nicht am körperlich Darstellbaren haftet, sondern sehr weitgehend unanschauliche Naturvorgänge beachtet, so ist das alte Ideal des Korpuskular-Objektiven keineswegs aufgegeben. Die mehr oder weniger unkörperlichen physikalischen Vorgänge müssen sich zumindest am körperlich stabilen Meßinstrument oder Indikator ausweisen, um als objektivierbar bewertet zu werden.

Neuerdings will man die naturwissenschaftliche Realität des Bewußtseins durch maschinelle Indikatoren nachgewiesen haben. So berichten z. B. *Keidel* und *Spreng* über von ihnen durchgeführte Versuche, die dem Versuchsleiter anhand der Analyse informationsverarbeitender Vorgänge ermöglichen, der betreffenden Versuchsperson auf den Kopf zuzusagen, ob sie z. B. gerade Schmerzreizen oder etwa nur taktil vibratorischen Reizen ausgesetzt ist. Solche Entscheidungen werden aufgrund von apparativen Indikationen gefällt. Damit — so meinen die Autoren — ist die Existenz des Bewußtseins objektiv nachgewiesen. *Keidel* erkennt ohnehin die Realität des Bewußtseins an: „Ohne Bewußtsein gar keine Physik, keine Technik, kein Werkzeug" *(Keidel,* W. D.: VI; 1966).

Noch vor einem Jahrzehnt haben einige Kybernetiker geglaubt, Maschinen besonderer Art, sogenannte transklassische Maschinen *(Günther,* Gotth.: 66, 67; 1957), würden sich erfinden lassen, die das Denken lernen könnten und denen alsdann ein Bewußtsein zugesprochen werden müßte. Heute ist man wesentlich vorsichtiger, man sagt:

„Maschinen können ‚denken', aber nicht denken" *(Erismann,* Th. H.: 166; 1968).

Auch der physikalische Nachweis des Bewußtseins durch Maschinen bleibt eine problematische Angelegenheit, wenn man genau ist und die spezifischen Qualitäten des Bewußtseins, also nicht nur die Vorgänge im Bewußtsein nachweisen will. So wird das qualitative Sosein des Bewußtseins von Schmerz durch die erwähnten Versuche und durch Regelkreisbetrachtungen nicht dargestellt, was auch *Keidel* (19; 1967) anerkennt. Haben wir doch gerade über den Schmerz eine sehr direkte und oft eindringliche Information. Mit Recht betont u. a. *Preyer,* daß der Schmerz schon das Kind zur Unterscheidung zwischen Subjekt und Objekt befähige.

Ob solche Direktinformationen gar durch Maschinenmodelle *dargestellt* werden können, das muß bezweifelt werden, zumindest solange Maschinen wichtige Vorbedingungen wie das Belebtsein nicht nachzubilden vermögen. Gewiß gibt es zwischen technischen und biologischen Systemen viele Parallelen wie etwa das Wiederholtsein, Geregeltsein, Gesteuertsein, Selbsttätigsein, Assoziiertsein, Bedingtsein usw. Es ist legitim und sogar ein Verdienst, solche Parallelen zu erkunden und sie zu behandeln, *als ob* die ihnen zugrunde liegenden Systeme gleichsinnig wären. Doch sollten die wesentlichen Unterschiede dabei nicht ignoriert und auch nicht bagatellisiert werden.

Der Physiologe Herbert *Hensel* (197; 1968) bezeichnet mit Recht „Irrtum und Fehlurteil in der Wissenschaft als inadäquate Verknüpfung von Phänomen und Modell".

Wenn *Tack* gelegentlich meinte, es gäbe nichts, was nicht als Modell für etwas anderes dienen könne (96; 1967), so gilt das ganz sicher nicht für das Bewußtsein, das nicht einmal durch Beispiele und Gleichnisse zutreffend veranschaulicht werden kann.

„So reizvoll und befriedigend abstraktes Denken für den Forscher ist, so unentbehrlich seine Ergebnisse für den Aufbau unserer Zivilisation sind, so gefährlich ist es, wenn es auf Gebieten angewandt wird, wo es nicht hingehört ... z. B. in allen Wissenschaften vom Menschen" *(Born, Max: 189; 1965).*

2. „Außenweltansicht" und „Innenwelteinsicht"

Jedem Erkennenden stehen grundsätzlich zwei Sichtweisen zur Verfügung, die sich als „Außenweltansicht" und „Innenwelteinsicht" charakterisieren lassen. Der gesunde Menschenverstand des Alltagsdenkens pflegt sich nicht einseitig auf diese oder jene Erkenntnisart zu beschränken. Er bevorzugt je nach dem Gegenstand des Erkennens diese oder jene und weiß beide im Wechselspiel zu verwenden, wenn das wahrheitsdienlich ist.

Lediglich in der Wissenschaftsgeschichte hat sich die Gepflogenheit herausgebildet, die Außenweltansicht als die bevorzugt objektive zu bezeichnen, weil diese, distanziert von der Sphäre des Subjektes und seinen Interessen, an Objekten orientiert ist, die sich nicht durch Wünsche verfälschen können, eben weil sie wunschlos und interessenfrei sind. Die Innenwelteinsicht dagegen, die für sich beanspruchen kann, daß sie ein unmittelbares Erkennen vermittelt, wird ihrer Subjektnähe wegen als weniger objektiv bewertet, da sie deren Irrtumsanfälligkeit anheimfallen könnte.

Besonders der Naturwissenschaftler hegt diesen Argwohn gegen die Innenwelteinsicht. Darüber können die Bemühungen der Kybernetiker, die eine Brücke zwischen Technik und Psychologie schlagen wollen, nicht hinwegtäuschen. Die meisten Kybernetiker wollen ausschließlich Naturwissenschaftler sein und die Introspektion möglichst meiden.

Gewisse Annäherungen zwischen Natur- und Geisteswissenschaften durch die Kybernetiker sollen nicht bestritten werden. Insbesondere gilt das hinsichtlich der naturwissenschaftlichen Beachtung des Zweckmäßigkeitsbegriffes, den der Techniker nicht ignorieren kann, weil seine Maschinen zweckmäßig und er selbst als Konstrukteur zweckfindig ist.

Der Zweckmäßigkeitsbegriff, der „noch Ende des vorigen Jahrhunderts ... als suspekt angesehen worden ist" *(Keidel: 1; 1964),* wird von den Kybernetikern auch in Anwendung auf das Organische nicht ignoriert.

Dabei sollten allerdings die grundsätzlichen Unterschiede der beiden Sichtweisen der Außenweltansicht und der Innenwelteinsicht nicht verkannt werden. Sie verlaufen so sehr in verschiedener Richtung, daß sie kaum jemals zusammenkommen können. Es ist daher irreführend, sie etwa an einer Hohlkugel zu veranschaulichen. Die Sicht auf das Innere einer Hohlkugel ist kein zutreffendes Modell für die echte Innenwelteinsicht.

Die Sonderstellung der Innenwelteinsicht, die methodisch von den bisher in den Naturwissenschaften üblichen Verfahren abweicht, rechtfertigt es indessen nicht, die Innenwelt als etwas *nur* Geistiges oder gar Außernatürliches aufzufassen.

Ein Arzt kann sein eigenes Belebtsein — wenn er will — mit Methoden der Außenweltsansicht überprüfen, etwa seinen Herzschlag und seine Atemtätigkeit und Gehirnfunktion kontrollieren oder durch Apparate registrieren lassen.

Er kann sich aber auch — und das pflegt ihm im allgemeinen durchaus zu genügen — auf das Sich-lebendig-Wissen verlassen, das ihm sein Sichgewahrsein vermittelt.

Die vieldiskutierte geisteswissenschaftliche Bedeutung der Introspektion soll nicht bestritten, doch soll auch nicht übersehen werden, daß diese eine zusätzliche Einsicht in *Natur*vorgänge ermöglicht und daß diese Fähigkeit etwas Naturgegebenes ist. Das Sich-lebendig-Wissen ist zudem eine gewichtige Erkenntnis. Diese kann natürlich nicht den üblichen Gepflogenheiten und Sicherheitswünschen der physikalischen Naturerkenntnis entsprechen, die neben ihren Vorteilen den Nachteil hat, vorzugsweise am primitiven Nichtlebendigen orientiert zu sein. So offeriert die Innenwelteinsicht immerhin Informationen über das Wesen des bewußt Lebendigen und seine (inneren) Voraussetzungen, die eine etwaige Beschränkung auf Außenweltbetrachtungen nicht einmal anzusprechen vermag.

3. Zur Frage der Wissenschaftlichkeit der Bewußtseinsforschung

Wenn unser Konzept richtig ist, demzufolge die in unserer heutigen Umwelt so häufigen „materialisierten Ideen" zwar u. a. aus dem Bewußtsein hergekommen, nicht aber mit diesem identisch sind, dann erfordert das eine entsprechende wissenschaftliche Einstellung. Ein Sichgewahrsein kann nicht durch Maschinen, Bauwerke und Kunststoffe veranschaulicht werden. Nehmen wir einmal an, ein Konstrukteur habe sich vorgenommen, ein solches Sichgewahrsein künstlich herzustellen.

Könnte er erhoffen, aus dem Studium der Synthese von Stoffen, der Leitung von Elektrizität, dem Bau von datenspeichernden Maschinen, der Ausgestaltung von Gleisanlagen und dem Bau von Wolkenkratzern die Prinzipien und Voraussetzungen zu erfahren, die für die Konstruktion von etwas gänzlich Unabbildbarem und in der unbelebten Natur Beispiellosem, wie es das Sichgewahrsein ist, bedeutsam sind? Zweifellos, das sei unbestritten, muß er die allgemeingültigen Naturgesetze respektieren und er kann die materiellen Voraussetzungen des Lebendigen und des Bewußtseinsbefähigten nicht ignorieren. Doch an die Spezifität des Sichgewahrseins kommt er auf solchen Wegen nachweislich nicht heran.

Er wird statt dessen sein Vorhaben mit dem Studium des Bewußtseinsphänomens beginnen müssen, und es wird für ihn angebracht sein, dessen naturgegebene Bedingungen *genauestens* zu studieren.

Ganz entsprechend muß jedes wissenschaftliche Verfahren dem Wesen seines Gegenstandes spezifisch angemessen sein. Keinem Physiker wird es einfallen, etwa Festigkeitsuntersuchungen verschiedener Stahlsorten aus den Gesetzen der Optik abzuleiten. Noch weniger kann das Studium an festen und unbelebten Körpern die Prinzipien und Kriterien für die Wissenschaftlichkeit eines Verfahrens nahelegen, das über die Natur der Bewußtseinsbefähigung lebender „Stoff- und Energiekomplexe" wirklichkeitsentsprechende Aussagen ermöglichen soll.

Zu bedenken ist auch, daß die heutige Physik nur zum Teil noch an den Beziehungen zwischen festen Körpern interessiert ist, die der älteren Physik den Ruf der Anschaulichkeit, Handgreiflichkeit, Beständigkeit und direkten Kontrollierbarkeit eingebracht haben.

Gewiß wäre es für die Aussagen auch des Psychologen von großem Wert, wenn er die ihn interessierenden Ereignisse vorsätzlich und wiederholt herbeiführen, variieren und im Laboratorium überprüfen könnte. Doch das kann er nur in einem sehr eingeschränkten und überaus problematischen Sinne. Schon im Umgang mit unseren Mitmenschen erfahren wir, daß jeder Mensch ein einzigartiges und unwiederholbares Wesen ist und daß dieses auch Wert darauf legt, als solches respektiert zu werden. Bevor es also zu speziellen Fragen des Bewußtseins und der Bewußtseinsinhalte kommt, begegnet uns das Phänomen der Unwiederholbarkeit, das in den Wissenschaften vom Menschen, z. B. auch in seiner Geschichte, von entscheidendem Einfluß ist. Dieses Phänomen widerspricht zwar dem Physikalismus im *methodischen Sinne,* doch nicht der physikalischen Wirklichkeit und auch nicht den Prinzipien der Naturgegebenheit. Ein Physiker wäre sehr oberflächlich und ungenau, wollte er eine so wesentliche Naturgegebenheit ignorieren. Für die Beurteilung der Gesamtentwicklung der physikalischen Wirklichkeit und Umweltverwandlung ist dieses Prinzip keineswegs belanglos. Männer wie Niels *Bohr*, Albert *Einstein*, Otto *Hahn*, Max *Born*, Wilhelm Conrad *Röntgen*, Max *Planck* usw. usw. waren *unwiederholbare* lebendige Naturereignisse mit sehr spezifischen Wirkungen und Veränderungsresultaten im Gefüge der Physik als Ganzes.

Ganz anders liegt der Fall, wenn ein einmaliges Ereignis von nur einem Beobachter entdeckt, später nicht mehr vorhanden ist. Hier fehlt die Beweisbarkeit und Nachweisbarkeit. Es kann also durchaus sein, daß die Einmaligkeit objektiv war; dann fehlt es in der wissenschaftlichen Aussage keineswegs an Objektivität, sondern an *Glaubwürdigkeit*. Viele Entdecker und Erfinder, die erstmalig ein vordem unbekanntes Ereignis sehen oder für möglich halten, befinden sich in solcher Situation. Hier hilft ihnen selten die Anwendung vorgezeichneter Methoden, sondern allein die Grundeinstellung der *unbestechlichen Vergewisserung*. Diese ist das primäre Kriterium aller Art von Wissenschaft. In den Wissenschaften vom Menschen sollten einseitige methodische Ausrichtungen keine Vorrechte haben (vgl. auch *Wellek*, Alb.: 241; 1951). Das Prädikat der Objektivität wird auch von außerphysikalischen Wissenschaften beansprucht und der Begriff der Wissenschaftlichkeit wird recht unterschiedlich verwendet, wie das das folgende (unvollständige) Vokabular veranschaulichen mag:

Vokabular üblicher Kriterien der Wissenschaftlichkeit

Abbildungsrealität
Absolutheit
Abstraktheit
Analysierbarkeit
Anschaulichkeit
Aufgeklärtheit
Auserlesenheit
Aussagewert
Axiomatik

Bedeutsamkeit
Bedingtheit
Begreiflichkeit
Begrifflichkeit

Beherrschbarkeit
Beispielhaftigkeit
Berechenbarkeit
Beschreibbarkeit
Beständigkeit
Bewährung
Bewältigung
Beweisbarkeit
Beziehungsrealität
Brauchbarkeit

Definierbarkeit
Determinativität
Deutlichkeit

3. Zur Frage der Wissenschaftlichkeit der Bewußtseinsforschung

Disponierbarkeit
Diszipliniertheit
Dokumentierbarkeit
Durchschaubarkeit

Echtheit
Eindeutigkeit
Einzigartigkeitsgemäß
Entschiedenheit
Entsprechung
Erfahrenheit
Exaktheit
Exemplarisch

Festigkeit
Feststellbarkeit
Fixierbarkeit
Folgerichtigkeit
Formalistisch
Formulierbarkeit
Funktionssicherheit

Gelungenheit
Geordnetheit
Genauigkeit
Generalisation
(Gerechtigkeit)
Gesetzmäßigkeit
Gewißheit
(Gewissenhaftigkeit)
Gründlichkeit
Grundsätzlichkeit
Gültigkeit

„Handfestigkeit"
Historismus
Höchstwahrscheinlichkeit

Informiertheit

Katalogisierbarkeit
Kategorienabhängigkeit
Kausalität
Klarheit
Kombinierbarkeit
Konkordanz
Konstruierbarkeit
Kontrollierbarkeit
Kopierbarkeit
Kritik
Kritizismus

Lebensnähe
Lebensgemäßheit

Manifestation
Mathematisierbarkeit
Materialisierbarkeit
Meinungslosigkeit
Meßbarkeit

Naturalismus
Neutralität
Nüchternheit

Objektivismus
Offenkundigkeit
Originalgetreu

Positivismus
Pragmatismus
Präzision
Prinzipientreue
Provozierbarkeit

Qualifizierbarkeit
Quantifizierbarkeit

Realismus
Registrierbarkeit
Reproduzierbarkeit
Rezeptierbarkeit
Richtigkeit

Sachlichkeit
Schlüssigkeit
Selbstverständnis
Sicherheit
Signifikanz
Situationsgemäßheit
Skepsis
Sortierbarkeit
Strenge
Syllogismus
Systematik
Systembeständigkeit
Systemrealität

Tatsächlichkeit

Übereinstimmung
Überprüfbarkeit
Übersichtlichkeit
Unbestechlichkeit
Unmittelbarkeit
Unparteilichkeit
Untrüglichkeit
Unverfälschtheit

Unvoreingenommenheit
Urkundlichkeit

Validität
Verallgemeinerungsfähigkeit
Verdinglichung
Vergewisserung
Vergleichbarkeit
Verifizierbarkeit
Verkörperung
Verläßlichkeit
Vernünftigkeit
Verständlichkeit
Voraussetzungslosigkeit
Vorhandenheit
Vorhersehbarkeit

Vorurteilsfreiheit

Wägbarkeit
Wahrhaftigkeit
Wahrheit
Wahrnehmbarkeit
Wertigkeit
Wertfreiheit
Wertungsdistanz
Wesenswirklichkeit
Wesensgemäßheit
Widerspruchslosigkeit
Wiederholbarkeit
Wirklichkeitsnähe

Zählbarkeit
Zeugnisfähigkeit

4. Das „unglaubwürdige" Subjekt

Schon Ernst *Haeckel* hat das Bewußtsein ausdrücklich als *Naturerscheinung* anerkannt. Das ist um so bemerkenswerter, als er im gleichen Atemzuge das Bewußtsein das „psychologische Zentralmysterium" nennt,

„... die feste Zitadelle aller mystischen und dualistischen Irrtümer, an deren Wällen alle Angriffe der bestgerüsteten Vernunft zu scheitern drohen" (Ernst *Haeckel:* „Welträtsel", S. 79, 80; 221.—230 Taus.).

Bereits 1866 — so schreibt er — habe er die Grundzüge einer *Zellular-Psychologie* entworfen, die von der Grundannahme ausgehe, daß das Bewußtsein eine *Lebenseigenschaft der Zelle* sei; aber die Hypothese eines *Atombewußtseins* habe er nicht vertreten (S. 83). Wiederholt betont er, daß das Zustandekommen des Bewußtseins an die *Zentralisation des Nervensystems* gebunden sei, die den niederen Tieren noch fehle (S. 82). Bei alledem war sich *Haeckel* der *Sonderstellung* des Bewußtseins wohl bewußt, die dieses von Natur aus einnimmt:

„Die einzige Quelle unserer Erkenntnis des Bewußtseins ist dieses selbst; gerade hierin liegt die außerordentliche Schwierigkeit seiner wissenschaftlichen Untersuchung. *Subjekt* und *Objekt* fallen hier in eins zusammen... Auf das Bewußtsein anderer Wesen können wir niemals mit voller objektiver Gewißheit schließen..." *(Haeckel,* Ernst: 80; 221.—230. Taus.).

Das entspricht im Prinzip dem, was in neuerer Zeit *Ey* und andere ihm nahestehende Autoren vertreten:

4. Das „unglaubwürdige" Subjekt

„Bewußtsein hat durchaus Objektivitätscharakter..." Eine „bilaterale, subjektiv-objektive Wirklichkeit ... macht die ontologische Struktur der Bewußtseinsphänomene aus: weder völlig objektiv noch ausschließlich subjektiv zu sein."

Im Zuge der Begünstigung verhaltenswissenschaftlicher Konzepte ist das Bewußtsein dessenungeachtet vielfach ignoriert worden. Zwar ließ man es im persönlichen Bereich und als hintergründige Korrektur experimenteller Unternehmungen gelten, doch weniger in den wissenschaftlichen Bekundungen. Das entspricht einem Verhalten, wie es einem Tabu gegenüber eingenommen wird. Noch immer macht sich in Fragen des Bewußtseins ein solches Tabu bemerkbar, wie das u. a. von *Thomae*, H. (477; 1962), und *Weinschenk*, C. (68; 1955), belegt worden ist. *Pongratz* (155; 1967) und *Boring* (658; 1957) äußern sich nicht ganz so entschieden; sie meinen, die Behavioristen hätten das Bewußtsein nur verdrängt, ohne es wirklich losgeworden zu sein. Ein ausschließlich verhaltenswissenschaftlicher Zugang zum Bewußtseinsphänomen wurde jedoch kaum aufgewiesen.

Die Weglassung des Bewußtseins im typisch verhaltenswissenschaftlichen Aspekt ist allerdings nicht lediglich die Folge einer Überbewertung des Prestiges. Die Nähe des Subjektes kann nicht bestritten werden, und es ist auch zutreffend, daß dieses Subjekt von Wünschen und Interessen mitbestimmt wird, die Irrtumsmöglichkeiten begünstigen. Es scheint eine Sphäre von Unglaubwürdigkeit schlechthin zu sein.

Zur völligen Klarstellung des Realitätscharakters des Bewußtseins empfiehlt es sich indessen, deutlich zu unterscheiden zwischen dem, was *im* Bewußtsein über sein Sosein ausgesagt oder gespiegelt wird, und dem, was das Bewußtsein selbst ist. Die Nähe der Subjektivität im Bewußtsein läßt sich nicht bezweifeln; doch damit ist nicht gesagt, daß sie das Bewußtsein selbst irreal macht. Setzen wir den ungünstigsten Fall, daß das Subjekt vom Wunschdenken völlig beherrscht oder ganz und gar verlogen wäre, so gäbe es dennoch das Bewußtsein von diesen Wünschen und Lügen. Zwar ist die Lüge im Bewußtsein kein greifbares Ding, aber sie ist real und sie ist durch das Bewußtsein auffindbar. Der Existenz von Wünschen und Lügen wegen das Bewußtsein als eine wissenschafttlich anrüchige Sphäre zu meiden, wäre ein magisches Verfahren, das nicht der unbestechlichen Vergewisserung, sondern der Furcht vor dem Tabu dieser Sphäre entstammt. Die Lüge ist mit dem Bewußtsein nicht identisch; denn es kann sowohl mit Bewußtsein gelogen wie auch die Wahrheit gesagt werden. Zur Vermeidung von Lügen und Wunschdenken ist primär das Bewußtsein erforderlich wie auch für die Konstruktion und die Eichung von Meßinstrumenten irgendwelcher Art.

5. Die unabbildbare Natur des Bewußtseins

Die Gefahr der etwaigen Einmischung subjektiven Wunschdenkens in unsere Selbstbeobachtung ist für unser Thema viel weniger von Bedeutung als etwa im Falle einer charakterologischen Selbstbeurteilung. Um hinsichtlich der Natur unseres Bewußtseins informiert zu werden, müssen wir keinerlei peinliche Enthüllungen über etwaige ungünstige Eigenschaften in uns befürchten. Insofern ist das Bewußtsein für eine wertungsdistanzierte Untersuchung durchaus geeignet. Die Schwierigkeiten, die es einer wissenschaftlichen Erkundung entgegenstellt, sind anderer, leider viel schwerwiegenderer Natur.

Diese beginnen bereits damit, daß das Bewußtsein durch kein Ding und keinen Vorgang unserer Außenwelterfahrungen auch nur angenähert veranschaulicht werden kann. *Grau* schreibt, „daß alle Bilder und Gleichnisse versagen". Schon die Definition macht erhebliche Schwierigkeiten:

„Man schreibt dem Bewußtsein ein sachhaltiges Sein zu, das es nicht ist — oder nimmt es als ein Nichts, das es noch weniger ist."

So mag „verständlich werden, daß man das Bewußtsein oft leugnet, um seiner Definition zu entgehen".

(*Ey*, Henri: 7, 8; 1967)

Die Auffassungen der Psychologen über das Bewußtsein sind keineswegs einheitlich. Eine knappe Zusammenstellung von Definitionen verschiedener Autoren mag das veranschaulichen:

Kreibig nennt bewußt das Wissen um das Erleben.

Giese bezeichnet als Bewußtsein alle in einem Einzelich momentan befindlichen psychischen Inhalte, denen die Aufmerksamkeit zugewandt ist. Bewußtsein ist „punktuell".

Geiger: Das bewußte Geschehen ist nicht das ganze psychische Geschehen.

Rehmke: Ein Vorstellen, Fühlen, bei dem Bewußtsein nicht in Frage käme, gibt es nicht.

Lipps, Wundt u. a.: Bewußtsein ist Prozeß, fortwährendes Kommen und Gehen ...

5. Die unabbildbare Natur des Bewußtseins

Külpe: Bewußtsein ist die Gesamtheit unmittelbar gegenwärtiger subjektiver Erfahrung bzw. psychischer Tatsachen.

Wundt: Die Unterscheidung bewußt — unbewußt ist unzulässig.

Driesch orientiert sich an dem Faktum: „Ich habe bewußt etwas."

Lersch unterscheidet zwischen Bewußtsein und Bewußtheit. „Im ersten Fall handelt es sich um jene Funktion des Ichs, die wir als feststellende, im zweiten um eine Funktion, die wir als Stellung nehmende bezeichnen müssen. Dem Ich kommen also zwei Funktionen zu, das Feststellen der Erlebnisse und das Stellungnehmen zu ihnen. Die eine konstituiert das Bewußtsein, die zweite die Bewußtheit oder — wie sich auch sagen läßt — das reflektierte Erleben" (532; 1956[7]).

„... im Erleben gelangt das Leben zur Wachheit seines Daseins, in ihm wird das Leben gleichsam von innen her erleuchtet, es gewinnt eine neue Dimension..." (549; 1956[7]).

Tomann, W.: „Die volle Bewußtheit eines Gedankens setzt seine Überbesetzung und zugleich die Verfügbarkeit seiner Beziehungen zu allem Relevanten voraus."

„Das Bewußtsein ist als die jeweilige, quantitativ begrenzte Verteilung von Aufmerksamkeitsbesetzungen definierbar" (121; 1954).

Volkelt, Hans, betont die Unzusammengesetztheit des Bewußtseins... (15; 1963).

Thomae, Hans: „Die spezifische Leistung des Bewußtseins ist ... eine offensichtlich sonst nicht herzustellende Integration von Informationen und Verhaltensweisen..." (482; 1963).

Weinschenk, Curt: „Die prinzipielle Leistung des Bewußtseins ist ... die Lieferung eines bestimmten Materials, durch welches die Außenwelt und die Beziehung der Außenwelt zum Organismus im Organismus in gewisser Weise nachgebildet sind."

„Das Erleben des unmittelbar Gegebenen bedeutet die Erkenntnis von etwas anderem. Das ist das Bewußtsein" (60, 74; 1940).

Jaspers, K.: „Das Ganze des momentanen Seelenlebens nennen wir das Bewußtsein. Bildlich stellen wir uns das Bewußtsein gewissermaßen als Bühne vor, auf der die einzelnen seelischen Phänomene kommen und gehen... Im Bilde zu sprechen wird z. B. die Bühne sehr eng (Bewußtseinsenge), das Medium trübe (Bewußtseinstrübung) usw...." (96; 1922).

Ey, Henri, berücksichtigt weitgehend eine „Phänomenologie des Bewußtseinsfeldes: 1. seine Konstitution *(das als Feld konstituierte Bewußtsein);* 2. seine fakultativen Bezüge *(Bewußtsein als Konstituens* operationaler Realitätsbeziehungen); 3. Bewußt-sein als Subjekt des Erlebens *(Praesenz)*" (93; 1967).

B. Der Argwohn um die Realität des Bewußtseins

Pongratz, Ludwig J., sieht in der *Präsenz* ein Wesenskonstitutiv des Bewußtseins und in der *Latenz* ein solches des Unbewußtseins. „Präsenz und Latenz sind auf einander verweisende Begriffe" (100, 180; 1967).

Meinecke, Georg, unterscheidet Bewußtsein (Sichgewahrsein) und Bewußtseinsinhalte (Vorgänge *im* Bewußtsein).

Bewußtsein ist Befindlichkeit einer vorgriff- und interessebefähigten („affizierbaren"), vom Individuum ermächtigten Repräsentativinstanz („Ich") im Sichgewahrsein.

Erleben ist Mitsprache der eigenen Lebendigkeit im Präsenzfeld des Sichgewahrseins.

Das Sichgewahrsein ist durch den dürftigen Begriff der Reflexion nicht erschöpfend dargestellt.

Unbemerktes Wahrnehmen und Reaktionen, die durchaus sinnvoll ohne Wachbewußtsein vollzogen werden, gibt es in Fülle. Ohne den Streit entscheiden zu müssen, ob z. B. ein unbewußtes Denken möglich ist oder nicht, empfiehlt es sich, von dem Inhaltlichen der Bewußtseinsakte das zu unterscheiden, was deren *besondere* Seinsweise im Bewußtsein kennzeichnet, nämlich das Sichgewahrsein.

Das besagt allerdings nicht, das Bewußtsein sei vollauf identisch mit diesem Sichgewahrsein, sondern das Sichgewahrsein ist eine spezielle Befähigung des Bewußtseins. Wenigstens dann, wenn etwas in diesem Sichgewahrsein existiert, ist es mit Sicherheit etwas Bewußtes, mag zu diesem auch noch manches außerdem gehören, was im Sichgewahrsein nicht ganz deutlich wird.

Bewußtsein ist die immaterielle „Atmosphäre" der Befähigung zum Sichgewahrsein einer auf diese bezogenen Gruppe von Lebensvorgängen. Diese Befähigung durchstrahlt sogar diejenigen Bereiche, die zeitweise nicht gewahr werden.

Nicht Erfahrungen, Handlungen und Kombinationen von diesen, nicht die Gedächtnisinhalte und ihre Assoziationen sind das Bewußtsein, sondern erst deren Spiegelung in einem Befähigungsbereich des Lebendigen, dem grundsätzlich ein Sichgewahrsein bestimmter (nachrichtlicher) Lebensvorgänge möglich ist; diese *„Bühne des Sichgewahrseins"* also nennen wir Bewußtsein.

Das Bewußtsein ist „eine eigenartige Bezogenheitsform, in der die bewußten Objekte stehen: nämlich die des Gewärtigseins für einen sie Gewahrenden" *(Geyser:* 20 ff.; 1922).

5. Die unabbildbare Natur des Bewußtseins

Diese Definition schließt weitere Unterscheidungen — z. B. zwischen Bewußtsein und Bewußtheit *(Lersch,* Ph.: 525 ff., 531 ff.; 1956⁷; *Graumann,* C. F.: 1965; *Ey,* H.: 25; 1967) — nicht aus; sie spricht zunächst das unvertauschbare Kriterium des Bewußtseins an, durch welches dieses anderen Vorkommnissen in der Natur gegenüber ausgezeichnet ist.

Das Sichgewahrsein muß keineswegs unser ganzes Selbst aufhellen. Wohl aber bedarf es der Bezogenheit von bewußtseinszugänglichen Vorgängen zu der „gemeinsamen Bühne des Sichgewahrseins", eines „Zentrums" ganz *besonderer* Art, das mit keinem sonstigen Zentrum etwas des technischen Nachrichtenwesens vergleichbar ist.

C. Zeitgemäße Exempel der Beziehungsrealität

1. Der Operationalismus und die maschinenartige Systemrealität

Nach einer von E. C. *Tolman* angeregten Definition versteht man unter einem Operationalismus jene psychologische Auffassung, die davon ausgeht, daß das Verhalten von Menschen (und Tieren) durch *motivierte Zielvorstellungen* beherrscht wird. Der Operationalismus steht im gewissen Gegensatz zum älteren Behaviorismus, der vorzugsweise die von Reizprovokationen angeregten Verhaltensantworten beachtet hat.

Für die europäische Psychologie ist jedoch die Beachtung von Zielvorstellungen keine Neuheit. Seit der Überwindung der Assoziationspsychologie gehört die Berücksichtigung von Zielsetzungen zur selbstverständlichen Ausrüstung des Psychologen.

Wir wollen den Operationalismus hier allgemeiner sehen und als typisch für diesen alle *zielbestimmten Operationen* bezeichnen, die *raum- und zeitüberbrückend* in *gesicherten* Systemen vollzogen werden.

Besonders bemerkenswert am Operationalismus in diesem Sinne ist, daß er die ohnehin vorhandene raum- und zeitüberbrückende Befähigung des Lebendigen in einer räumlichen und zeitlichen *Weitstreckigkeit* ausbilden konnte, an die in der vortechnischen Zeit kaum gedacht wurde. Ausgezeichnete Hilfsmittel für diese Entwicklung besorgte die Technik, so daß die maschinenartige Systemrealität geradezu exemplarisch ist für die Sicherung zielbestimmter Operationen.

Typisch dafür ist z. B. ein Düsenflugzeug, das von der Abflugbasis aus zielsicher ferngesteuert wird und den Flughafen jenseits des Ozeans ohne Flugkapitän erreicht.

Die Weitstreckigkeit der Zielbestimmung bringt es mit sich, daß Einzelvorkommnisse, welche zwischen den weiten Schritten vorkommen mögen, normalerweise die Operation nicht beeinflussen. Den Reisenden in Düsenflugzeugen beeindruckt es im allgemeinen nicht, was in den Ländern und Häusern an Einzelschicksalen geschieht, die überflogen werden. (So „überfliegt" man heutzutage überhaupt vieles und übersieht manchmal sehr Wesentliches.)

Auch die hohe und höhere Geschwindigkeit, wie sie in unserer Umwelt immer mehr zur Selbstverständlichkeit wird, führt dazu, daß konkrete Qualitäten vernachlässigt werden. Sie bleiben zwar vorhanden, aber sie werden für solche Systeme unwichtig. Ganz treffend wird das in einer Diskussionsbemerkung in dem Roman „Homo faber" von Max *Frisch* veranschaulicht:

„... Technik als Kniff, die Welt so einzurichten, daß wir sie nicht erleben müssen ... Manie des Technikers, die Schöpfung nutzbar zu machen, weil er sie als Partner nicht aushält, nichts mit ihr anfangen kann; Technik als Kniff, die Welt als Widerstand aus der Welt zu schaffen, beispielsweise durch Tempo zu verdünnen, damit wir sie nicht erleben müssen ..." *(Frisch, Max: 241; 1962).*

Ob diese tieferen Motive wirklich immer im Spiele sein müssen oder nicht, die Technik ist die große Zusammenfasserin im Übergriff. Ihr gelang die Beherrschung der Natur, *ohne sie vollends begreifen zu müssen.* Sie hat Dinge umgestaltet, ohne von dem Umstand wesentlich behindert zu sein, daß das „Ansichsein" der Dinge unerkennbar bleiben mußte. Noch mehr: Sie ermöglicht Operationen mit Maschinensystemen, ohne daß wenigstens das von ihren Bedienern verstanden zu werden braucht, was bekannt und leicht verständlich zu machen ist. Ein Autofahrer braucht das Prinzip des Explosionsmotors nicht zu verstehen, wenn er mit seinem Auto Tausende von Kilometern überbrückt. Wir benutzen die Farbphotographie, ohne das chemische Verfahren kennen zu müssen, das uns das Operieren mit farbigen Lichtbildern überhaupt erst ermöglicht.

Für die Ausbildung der maschinellen *Erweiterung* des Vorgriffes (Propulsivität) und der Voraussicht (Prospektivität) des *Menschen* ist die Entdeckung von schnellen Nachrichtenträgern (elektromagnetische Wellen), die ohne wesentlichen Informationsverlust noch mehr als das Licht weite Strecken überbrücken, von erheblicher Bedeutung gewesen.

An dem einfachen Beispiel des *Fernrohres* läßt sich bereits zeigen, daß Raumüberbrückung zugleich den Vorgriff fördert. Mittels des Zielfernrohres vermag der Jäger dem schnellen Wild, das er ohne Fernrohr und Gewehr im Wettlauf nicht einholen könnte, *zuvorzukommen.*

Dabei ist zu beachten, daß nicht das Zielfernrohr zielt, sondern der Mensch. Dieser Hinweis mag manchem trivial erscheinen; es läßt sich aber eine große Zahl von Belegen aus der naturwissenschaftlichen Ge-

genwartsliteratur dafür anführen, daß dieser Unterschied immer wieder ignoriert wird.

Doch beschränken wir uns hier zunächst darauf, das Wesen einer Systemrealität zu kennzeichnen. Dabei sei auf eine Definition verwiesen, die von dem Biologen *Sitte* stammt, und es sei dazu vermerkt, daß dieser sich insbesondere auch biochemischen Tatbeständen verpflichtet fühlt.

„*Systeme* sind ganz allgemein dadurch ausgezeichnet, daß die sie jeweils aufbauenden Elemente (die selbst durchaus wiederum Systeme sein können) nicht oder doch nicht beliebig untereinander vertauschbar sind, ohne daß sich die Eigenschaften des gesamten Systems verändern..." *(Sitte,* Peter: 189; 1965).

Diese Definition will *Sitte* sowohl für Systeme der Maschinen wie auch für Organe angewendet wissen. In einer Fußnote vermerkt er, daß die Unvertauschbarkeit der „Teile" (d. h. der Glieder) nichts Mysteriöses sei.

Die Bevorzugung der Systemrealität, wie sie insbesondere auch von den Kybernetikern gepflegt wird, ist für das Thema dieses Buches insofern von Bedeutung, als das System selbst — obzwar es erst durch die Materie dargestellt und verwirklicht wird — etwas durchaus *Immaterielles* ist. Es betrifft weder die Materie noch die Energie, sondern *Beziehungen* zwischen Stoffen und Energien und in diesen.

2. Die immaterielle Beziehungsrealität der Naturgesetze

Dem Naturgesetz ist nicht aufgegeben, Materie oder Energie, sondern ihm ist aufgegeben, *ein strenges Prinzip* zu sein. Als solches ist es immaterieller Natur. Diese immaterielle Natur erlangt es jedoch nicht durch die Definition des Menschen und durch die geistige Tätigkeit, welche es entdeckt. Es mag zwar sein, daß der Geist nur Geistiges zu erkennen vermag. Das schließt jedoch nicht aus, daß es Gesetze in der Natur gibt, die unabhängig davon wirksam sind, ob sich Menschen um ihre Erkennung und Formulierung bemühen oder nicht.

Für die *psychologische* Naturbetrachtung sind allerdings andere Naturgesetze bedeutsam als etwa jene, die den Physiker, Mechaniker und Architekten vorzugsweise interessieren. Der Psychologe, der davon überzeugt ist, daß das Bewußtsein eine Naturerscheinung ist, wird nach solchen Naturgesetzen Ausschau halten, die mehr die Innenwelteinsicht als die Außenweltansicht betreffen. So wird er sich z. B. weniger für

2. Die immaterielle Beziehungsrealität der Naturgesetze

die Hebelgesetze interessieren, weil für das Funktionieren der Hebelmechanik ein Mindestmaß an *Festigkeit* Voraussetzung ist, das erst die Hebelgesetze auszuweisen imstande ist. Er darf sich auf den *naturwissenschaftlich* nachweisbaren Umstand berufen, daß das Organische nur ausnahmsweise solche Festigkeitswerte besitzt — sogar die Knochen sind recht elastischer Natur —, und daß vor allem die Existenzart des Bewußtseins ganz und gar solche Festigkeitswerte vermissen läßt.

Will er sich an Naturgegebenheiten orientieren, so muß er nach Systembeständigkeiten Ausschau halten, die nicht durch hohe Festigkeitswerte der Materie garantiert, sondern die auf *andere Weise gesichert* werden.

Schon in der unbelebten Natur sind Gesetze nachweisbar, die auch in der Turbulenz von Formveränderungen gültig bleiben. So gilt z. B. das Prinzip: „Jeder Aktion entspricht eine gleichgroße entgegengesetzt gerichtete Reaktion" auch für Explosionen und Umwälzungen kosmischen Ausmaßes.

Es gibt also auch in der unbelebten Natur Phänomene und Wirkungen, die selbst nicht im eigentlichen Sinne materiell sind. Sie sind immaterieller Natur, ohne aber lebendige oder bewußte Vorgänge sein zu müssen. Zweifellos gibt es die immaterielle Beziehungsrealität auch in den kleinsten Bereichen der Materie. Das würde allerdings nicht dazu berechtigen, etwa von einem Bewußtsein der Atome zu sprechen. Es geht bei dieser Immaterialität um nichts mehr und aber auch nichts weniger als um die Wirksamkeit von *Strenge* in der Natur, die *nicht* auf Formbeständigkeit oder auf das Verharren von Verläufen in bestimmten Bahnen zurückzuführen ist. Neben der Bedeutung des Quantitativen, die nicht bestritten werden soll, interessiert hier vorzugsweise das naturgegebene Qualitative. Diese Bevorzugung wiederum resultiert nicht etwa aus einer weltanschaulichen Grundeinstellung, sondern aus dem vorzugsweisen Vorkommen von Qualitäten im Bewußtsein. Über Konsequenzen im Bereiche der Eigenheiten wurde früher wiederholt berichtet. Hier sei daher nur eine Zusammenfassung wiedergegeben:

a) Jedes Naturgeschehen besteht aus Eigenheiten und ihren Trägern.

b) Eigenheiten sind nicht unbedingt an *bestimmte* Träger gebunden, sondern von Trägern zu Trägern *übermittelbar*.

c) Jede Eigenheit ist einzigartig.

d) Auch Eigenheiten von Entwicklungen und Veränderungen sind einzigartig und damit *unvertauschbar* herkunftsbezogen.

e) Die unvertauschbare Herkunftsbezogenheit garantiert — auch bei erheblichen Veränderungen — die (immaterielle) Unverlierbarkeit der Eigenheiten.

f) Die Einzigartigkeit schließt zwar die Existenz absoluter Gleichheiten, nicht aber die Existenz von Verwandtschaften, Verwandtschaftsdispositionen und Gleichsinnigkeiten aus.

g) Eigenheiten (der Energievorgänge) benachteiligen (verdrängen) oder begünstigen (bevorzugen) einander in ihrer Wirksamkeit.

h) Die benachteiligte Wirksamkeit einer Eigenheit kann durch Einwirkung anderer Eigenheiten wieder verbessert werden.

i) Die verdrängte (indirekt, benachteiligt wirksame) Eigenheit bleibt in *voller Einzigartigkeit* latent wirksam, ist jedoch in ihrem Effekt behindert und u. a. nur vermindert raumabhängig.

Für unser Konzept und in unserer Zeit des bevorzugten Interesses für Nachrichtenvorgänge dürfte vor allem interessieren, daß Übermittelbarkeit schon in der unbelebten Natur ihre Vorläufer hat. Diese ist aber noch keine Nachricht — Nachrichten gibt es nur im Lebendigen, streng genommen nur im Bewußtsein —, wohl aber ist zu fragen, ob Nachrichten in der Natur möglich wären, gäbe es nicht grundsätzlich Übermittelbarkeit.

Beispiele für die *Übermittelbarkeit* der Eigenheiten von Trägern zu Trägern demonstrieren alle Kopierverfahren vom Stempel über die Matrize bis zum Lichtbild und zur Tonwiedergabe. Beispiele aus der vom Menschen nicht oder wenig beeinflußten Natur sind die Fährten, die Abdrücke, die das Wild im weichen Waldboden hinterläßt und die es dem Jäger gestatten, Wildart und Fluchtweg des Wildes zu ermitteln. Noch ältere Beispiele liefern die Gesteinsabdrücke von Pflanzen u. dgl. früherer Erdepochen.

Diese sehr ursprünglichen Beispiele der Übermittelbarkeit von Eigenheiten demonstrieren zugleich eine frühe Beziehung zur *ganzheitlichen Spurenerhaltung*. Ganzheitlich, das bedeutet weder hier noch in irgendeinem anderen Anwendungsbereich, daß eine Übermittlung etwa ohne Einbuße an (manifester) Wirksamkeit der ursprünglichen Eigenheiten geschähe, sondern sie bedeutet, daß etwas im *nichtzerstückelten* Verfahren geschieht. Kein Abbild entspricht völlig dem Vorbild.

Doch auch die Spurenverwischung ist ganzheitlich. Ist der Waldboden sehr hart oder sehr locker, so ist die Spurenerkennung sehr erschwert, obwohl das Original in gleicher Qualität spurenerzeugend tätig war. Diese Unerkennbarkeit der Spuren bedeutet also nicht, daß die Einzigartigkeit des Originals nicht wirksam gewesen wäre. Sie erschwert zwar dem Außenstehenden (dem Jäger oder dem Kriminalisten) sehr die Rekonstruktion des früher gewesenen Ereignisses; aber das beweist nicht die Unwirksamkeit der Einflüsse des Originals. Jede der Übermittlungen geschieht vielmehr auf nachweisbar einzigartigem Wege. Die einzigartigen Herkunftsbeziehungen müssen allerdings nicht immer in der vom *außenstehenden* Beobachter (Kriminalisten) gewünschten Unmittelbarkeit (manifesten Deutlichkeit) vorhanden sein. Die Natur selbst verfügt über diese einzigartigen Herkunftsbeziehungen; sie ist in allen diesen Fällen selbst im Falle stärkster Veränderungen *ihr eigener unbestechlicher Geschichtsschreiber*. Das alles gilt allerdings nur, wenn wirklich jede Eigenheit einzigartig, wenn also kein Herkunftsweg vertauschbar ist. Dieses Grundgesetz des Immateriellen könnte nur durch die Schaffung echter Vertauschbarkeit, also echter Gleichheiten, nicht aber durch noch so turbulente Zerstörungen gefährdet werden.

3. Die Beziehungsrealität sozialer Systeme

a) Das Vorkommen des Bewußtseins in lebenden Zellverbänden

Die erwähnten einzigartigen Herkunftsbeziehungen ergeben von sich aus noch kein Gedächtnis. Im echten Gedächtnis wird Früheres *ermächtigt*, im Gegenwärtigen Geltung zu erlangen. Das echte Gedächtnis wird daher nur in Zellverbänden angetroffen, die zu solcher Ermächtigung befähigt sind. Es ist sehr wahrscheinlich, daß dieses sich aus den einzigartigen Herkunftsbeziehungen entwickelt hat, zumal diese zur ganzheitlichen Latenz befähigt sind. Sie sind das, was die Natur von sich aus sozusagen anzubieten hat, um eine Entwicklung zum echten Gedächtnis zu begünstigen. Von seiner Feldtheorie ausgehend, hat Wolfgang *Koehler* in einer seiner letzten Veröffentlichungen *Gruppenspuren* für die Reproduktion vorausgesetzt (104; 1958). Ich bin auf die Bedeutung dieser Theorie für das Gedächtnisproblem bei anderer Gelegenheit näher eingegangen *(Meinecke,* G.: 94; 1966). Auf das Bewußtsein bezogen, läßt sich jedenfalls sagen, daß es sehr wahrscheinlich ist, daß das Bewußtsein nur durch das Zusammenwirken vieler Nervenzellen in einem lebenden Zentralnervensystem verwirklicht wird. Dieses wiederum wird nur in einem lebenden Leib und somit ebenfalls nur in Zellverbänden angetroffen. Obzwar zentral wirkende Nervenzellen als solche das Bewußtseinsphänomen keineswegs ausreichend erläutern, so ist jedoch die Existenz des Sichgewahrseins offensichtlich von Zellverbänden abhängig. Es darf, ja es muß daher mit der Mindestvoraussetzung der Beziehungsrealität sozialer Systeme im Bereiche des Organischen gerechnet werden. Sucht man nach Modellen, so liegt es nahe, die Systeme unseres Gesellschaftslebens zu studieren und sie in bedingtem Sinne als Veranschaulichungen für die *Gruppenarbeit* zu verwenden, die die Zellen zugunsten des Bewußtseins leisten. Das alles ist nur mit größten Einschränkungen zu verstehen; denn das Gesellschaftsleben hat kein eigenes Bewußtsein. Dennoch sind solche Modelle besser als Maschinenmodelle, weil sie das Belebtsein nicht ignorieren und weil die Systemsicherung in ihnen nicht nur von mechanischen Festigkeitskoeffizienten gewährleistet wird.

b) *Vorformen der Gestaltdienlichkeit des Zusammenwirkens im Organischen*

Die Befähigung der Zellen zu einer Art Gruppenarbeit, in der die Glieder einem übergeordneten oder vorgeordneten (Bau- und Funktions-)Plan gehorchen, ist eine *Urbefähigung des Organischen*. Schon die ersten Zellteilungen fügen sich alsbald deutlich dem artspezifischen Bauplan. Das *in* den Zellen dynamisch zielbestimmende Erbgut vermag sich auf die äußere Anordnung der Glieder, der Zellen, so *präzise* auszuwirken, daß ein dem artspezifischen Bau- und Funktionsplan entsprechendes Organ entsteht. Schon in diesen frühen organischen Formbildungen sind Vorformen der bewältigenden Machtanwendung wirksam, nämlich in der Nutzung der Stoffe und Energien, die mit der Nahrung aufgenommen werden, zugunsten der Architektur, der übergreifenden „Idee" der Artspezifität. Diese organischen Formbildungen sind nachweislich transponierbar und entsprechen in dieser Hinsicht den für Gestalten gültigen Kriterien.

Ich habe die sich hier darstellenden Vorformen der Gestaltdienlichkeit bei anderer Gelegenheit (34; 1966) als *organischen Gehorsam* zu charakterisieren versucht. Unter einem organischen Gehorsam werden die (strengen) Beziehungsrealitäten in lebendigen Verbänden verstanden, an deren Stelle ein Ungehorsam denkbar wäre. So beweisen jene abtrünnigen Zellen, die im Falle von Wucherungen ihre organspezifische Dienstbarkeit ganz oder teilweise aufgegeben haben, daß es normalerweise einen organischen Gehorsam gibt, der die gesunde Funktion und Form eines Organes garantiert.

Die Beziehungsrealität des *Gehorsams* wie die noch strengere der *Nötigung* gibt es nur im Machtbereich des Lebendigen. In den machtfreien Systemen des Unlebendigen gibt es weder den Gehorsam noch die Nötigung, sondern nur die Notwendigkeit, die besser *Unabwendbarkeit* genannt werden sollte.

Der Begriff des Gehorsams entstammt den Vorkommnissen in sozialen Systemen. Seine Anwendung auf innerorganische Verbände soll nicht bedeuten, daß diesen Eigenschaften des menschlichen Soziallebens zukommen. Es geht hierbei nur um die Veranschaulichung einer sozialen Systemrealität. Diese wiederum ist abhängig davon, ob Macht ein reales Naturvorkommnis ist oder nicht.

c) Die Bedeutung des Machtfaktors in der Systemrealität des Organischen

Nachdem von einigen Kybernetikern zunächst geglaubt wurde, man könne Bewußtseinsanaloges direkt durch Maschinen künstlich produzieren, ohne zuvor ein künstliches Lebewesen schaffen zu müssen, ist man neuerdings kritischer und weniger optimistisch. Die Einsicht, daß Bewußtes nur in der lebendigen Natur anzutreffen ist, hat sich wieder durchgesetzt. Wohl aber wird die Möglichkeit der Entstehung von Lebendigem aus Nichtlebendigem weiterhin ernsthaft diskutiert (vgl. u. a. *Oparin*, A. J., *Ehrismann*, Th. H.). Ohne dem Optimismus der Forschungsvorhaben in diesem Bereich vorgreifen zu wollen, ist in diesem Zusammenhange an grundsätzliche Schwierigkeiten der Machbarkeit zu erinnern. Das voll entwickelte Lebewesen, insbesondere der Mensch, ist eindeutig machtbefähigt, das typisch Unbelebte dagegen ist nicht machtbefähigt. Im Bereiche der Physik gibt es bis heute den Begriff der Macht überhaupt nicht. Maschinen sind nicht eigenmachtbefähigt. Es läßt sich auch theoretisch kein Weg aufzeigen, wie aus dem Nichtmachtbefähigten (dem *typisch* Unbelebten) etwas Machtbefähigtes (das *typisch* Belebte) entsteht.

Außerdem kommt im Falle der Schaffung eines künstlichen Lebewesens noch der prinzipiell wichtige Umstand hinzu, daß die *Eigentätigkeit* ein unersetzliches Kriterium der echten Machtbefähigung ist. Ein wenn auch nur minimal eigenmachtbefähigter Homunculus kann also niemals gemacht, sondern *immer nur provoziert*, etwa aus dem Unbelebten sozusagen herausgefordert werden. Das Unbelebte, welches Leben werden soll, *muß* sich also die Positionsebene selbst erobern. Zwar gibt es Fremdertüchtigung, Begünstigungen, Eroberungs*hilfen*, aber das Erobern, die Fähigkeit, *sich* etwas erobern zu können, kann naturgemäß nicht von anderen „gemacht" werden.

So kann — um ein Beispiel aus dem höheren Seelenleben zu nennen — auch das Lernen, als echtes geistiges Selbsterobern verstanden, von Lehrern nicht

„gemacht" werden. Der gute Lehrer wird sich darauf beschränken, Eroberungshelfer zu sein, schon um die Eroberungslust nicht unnötig zu schmälern.

Von den eigentlichen Machtphänomenen nehmen wir im allgemeinen erst vermittels unseres Bewußtseins Notiz. Es gibt jedoch zahlreiche Anhaltspunkte dafür, daß *Vorformen der Macht* schon im Organischen wirksam sind. Wie bereits erörtert wurde, gibt es das Zusammenwirken dienstbarer Energien und Stoffe im Sinne der Artspezifität. Schon das Noch-nicht-Bewußte des Organischen scheint daran *interessiert* zu sein, sich am Leben zu halten, sich auszubreiten, zu vermehren und Stoffe und Energien für sich zu erobern.

Die Kybernetiker versuchen, die im Organischen eingesetzten Systeme der bewältigenden Zusammenwirkung durch *Regelungen* zu erläutern.

Zweifellos gibt es im Organischen eine Fülle von Steuerungen und Regelungen (vgl. u. a. *Wagner, R.*: 1956). Sogar die organische Entwicklung demonstriert mit ihrem Enderfolg ein Verfahren, das aussieht, *als ob* es programmiert wäre. Die Bedeutung des *Soll-Wertes* im System der Regelungen verweist auf ihre Zielbestimmtheit. Gleichwohl sind die prinzipiellen Unterschiede zwischen den technischen (apparativen) und den organischen Regelungen zu beachten. Bei den technischen Regelungen werden die Sollwerte von außen durch Konstrukteure und Programmierer in das Regelungssystem hineingebracht, bei den organischen Reglern werden von außen eingreifende Sollbestimmer, Konstrukteure und Programmierer nicht benötigt; bestenfalls sind diese in sie und ihre Vorfahren *unsichtbar* „eingebaut".

Den Regelungssystemen im Organischen fehlt der apparative Sicherungsfaktor der technischen Systeme. Es fehlt dem Organischen schlechterdings der Festigkeitskoeffizient, der die maschinenartige Funktion der Regelungen garantiert. Wenn man demgegenüber im Anschluß an Norbert *Wiener* (194; 1952) meint, Organe seien Regelungsapparaturen „aus Fleisch und Blut", so sollte es kein Techniker übersehen, daß er solche „Apparaturen" bis heute auch im Prinzip nicht herstellen kann. Daran ist allerdings nicht nur der fehlende Festigkeitskoeffizient schuld, sondern die bisherige Unnachahmlichkeit der *Intimwirksamkeit* der organischen Direktiven, die in kleinsten Bestandteilen der belebten, „strukturierten Gallerte" eine Systemsicherung gewährleistet. Es gibt Regelungen im Organischen, aber es fehlen die sichtbaren Regelungs*apparaturen*. Die organische Regelung vermag sogar durch andere Funktionen und Architekturen „hindurchzuwirken". *Sie erzielt höchste Leistungen bei erheblicher morphologischer Kargheit.*

3. Die Beziehungsrealität sozialer Systeme

Ganz sicher müssen Faktoren wirksam sein, welche die Zellen „in Schach halten" und sie zur Bildung einer organ- und artspezifischen Zellgemeinschaft anhalten. Doch das kann nur durch unmechanische, elastische Mächte geschehen, die eine ähnliche morphologische Unsichtbarkeit und doch zugleich energische Herrschaft ausüben wie z. B. jene Mächte, die Mitglieder der Gesellschaft „in Schach halten", etwa daran hindern, zu stehlen und zu morden.

Allerdings gibt es auch in diesen Gemeinschaften als letztes Mittel den Festigkeitskoeffizienten, den Aufenthalt hinter Gittern und die dicken Mauern.

Analog gibt es im Organischen Schutzwände, mechanische Sperren, Stützelemente, Leitungen usw.

Die organische Entwicklung ist ein dynamischer Vorgang der ständigen Umschmelzung und Umorientierung der sie konstituierenden Stoffe und Energien.

Die Einzelzelle wiederum ist kein „Kästchen", sondern selbst dynamischer Natur. Der Biochemiker Adolf *Butenandt* vermerkt ausdrücklich, daß alle erkennbaren Strukturen und Formelemente der lebenden Zelle fortgesetzt eingeschmolzen, abgebaut und wieder aufgebaut würden und daß die *Aufrechterhaltung des Systems der Zelle im Sinne eines Fließgleichgewichtes* zu definieren sei *(Butenandt*, Ad.: 6; 1954). Dieses Prinzip gilt offensichtlich auch vom Zellkern; jedenfalls konnte bei Zellkernen amöboid beweglicher Zellen von mehreren Autoren nachgewiesen werden, daß man in ihnen eine feine Nadel frei bewegen kann.

Weiterhin ließen sich Beweise dafür erbringen, daß auch die nicht aus Zellen aufgebaute organische Substanz dem Prinzip der jeweiligen Art- und Organspezifität gehorsam ist.

Ausführlichere Hinweise und Überlegungen zur Frage der nichtmechanischen Sicherung der Organ- und Artspezifität siehe: *Meinecke,* Georg: 1966.

Es könnte bezweifelt werden, ob die beschriebenen Vorformen der Macht, des Vorgriffes, der Dienstbarkeit, des Gehorsams und Ungehorsams diese Bezeichnungen wirklich verdienen, soweit sie im Unbewußt-Organischen vorkommen sollen. In der Tat vermögen wir das Unbewußt-Organische nicht zu befragen, und wir können auch nicht in es hineinsehen. Wir müssen uns darauf beschränken, die zahlreichen Hinweise zu berücksichtigen, die demonstrieren, *als ob* schon das Unbewußt-Organische Eigenmacht hätte und Eigeninteressen folge. Mit Bestimmtheit aber läßt sich sagen und nachweisen, daß keine der bisher verwirklichten Maschinen eigenmächtig und eigeninteressiert zu funktionieren vermag. Nicht einmal im Als-Ob-Sinne sind sie eigenmächtig und eigeninteressiert; sie dienen vielmehr eindeutig fremden Mächten und fremden, nämlich menschlichen Interessen. Außerdem ist es unwahrscheinlich, daß die im Bewußtsein nachweisbare Eigenmacht des Menschen hätte zustande kommen können, wenn es nicht schon im Organischen Vorformen der Eigenmacht gäbe und gegeben hätte.

Zwar kann z. B. das vielzitierte Rückkopplungsprinzip (feed back) eine gewisse Autonomie der organischen Servo„mechanismen" simulieren. Doch zunächst ist die technische Rückkopplung eine Folge der Zurichtung der Konstrukteure, und außerdem erzielt sie die echten Wirkungen des *Rückwirkungs-Prinzips der Macht* nicht. Dieses vermag insbesondere eine (schöpferische) Potenzierung der Macht zu bewerkstelligen, eine Leistung, die den Maschinen völlig versagt bleibt. Da auf diese die Maschinenkausalität übergreifende *Gegenseitigkeitsbestimmtheit* hier nicht ausführlich genug eingegangen werden kann, sei sie in einer Übersicht skizziert.

Gegenseitigkeitsbestimmtheit in machtbefähigten Systemen

1. Macht fördert sich, indem sie ihre Förderer fördert.
2. Macht bedarf der Befähigung zum Vorgriff, und Macht kann diese Befähigung erweitern.
3. Die Befähigung zum Vorgriff hat u. a. die Befähigung zur Wiederbemächtigung von Vergangenem (Gedächtnis und Vererbung) zur Voraussetzung. Diese wiederum hat eine Machtposition des Lebendigen zur Voraussetzung, welche den Herkunftsbeziehungen aus Früherem Gegenwartsmacht verleiht.
4. Mit der Befähigung zum Vorgriff stehen andere Fähigkeiten in *abhängigem* Zusammenhang wie z. B.: das Vorhaben, die Erwartung, die Fähigkeit, eigene Aufgaben haben zu können, die Sorge und die Angst, Unentschiedenheit, Ungewißheit, Unsicherheit, Anfechtbarkeit, Zielstrebigkeit, Bedrängtsein, Freisein von Bedrängungen, Wahlfähigkeit, Idealität, Irrtum, Realitätsinteresse, Verführbarkeit, Krankheit, Gesundheit, Erziehbarkeit usw.

d) Die Anfechtbarkeit der Macht

Neben der bewältigenden Machtanwendung, z. B. der Nutzung von Stoffen zum Aufbau artspezifischer Formen oder auf höherer Ebene der Nutzung von Naturkräften zugunsten menschlicher Zielsetzungen, gibt es die überwältigende Machtanwendung im Kampf Lebewesen gegen Lebewesen, Mensch gegen Mensch. Das läßt die Macht in recht ungünstigem Lichte erscheinen und hat auch vielfach zur Tabuierung dieses Begriffes geführt. Dagegen hat u. a. *Spranger* entschieden Einspruch erhoben. Ist die Macht ein wichtiger Lebensfaktor, so wird man sich mit ihrer Realität objektiv auseinandersetzen müssen.

Zudem ist sie in ganz anderer und grundsätzlicher Hinsicht fragwürdig. Diese Art der Fragwürdigkeit betrifft ihre Funktion als systemsichernder Faktor und die Tatsache, daß sie solche Systeme auch dann noch sichern und mit ihnen operieren kann, wenn sie selbst gar nicht so ganz sicher fundiert ist. So ist u. a. bemerkenswert, daß eine Macht auch dann sichtbare physische Wirkungen ausüben kann, wenn sie nicht echt ist, wobei sie sich allerdings parasitär von anderen Machtsystemen „ernährt". Das zeigt sich besonders deutlich an der Machtausübung der Hochstapler:

Diese ist allerdings bisher mehr von Dichtern als von Naturwissenschaftlern beachtet worden:

„Der Hauptmann von Köpenick" (Carl *Zuckmayer*)
„Bekenntnisse des Hochstaplers Krull" (Thomas *Mann*)
„Die Eine-Million-Pfund-Note" (Mark *Twain*)
„Kleider machen Leute" (Gottfried *Keller*).

Doch keine dichterische Phantasie erreicht z. B. die wirklichen Begebenheiten im Leben des „Barons" *Lustig*, eines findigen Schwindlers, der es sogar fertigbrachte, für 25 000 $ den Eiffelturm an Schrotthändler zu verkaufen. Er brauchte dazu nur ein paar Briefbogen amtlicher Kanzleien zu fälschen *(Johnson,* J. F.: 372; 1966). Der Hochstapler zapft ein bestehendes System an und lenkt dessen Energien in seinen Verfügungsbereich.

Dem Hochstapler gelingt die Ausbeutung anderer Systeme nur deshalb, weil auch diese Systeme aus übergreifenden Beziehungen bestehen, in diesem Sinne großzügig konstituiert sind und viele Lücken enthalten, in welche das parasitäre System eingreifen kann. So hat der Baron *Lustig* fortgesetzt reiche Geschäftsleute überlistet, die in ihrer Geld- und Machtgier zu voreilig waren und somit die Sicherung ihres eigenen Systems versäumten.

Keine Macht ist völlig unanfechtbar. Sie ist verletzlich, wie das Leben verletzlich ist; sie ist wie dieses typisch existentiell.

Auch seriöse Formen der Macht enthalten mehr oder weniger hochstaplerische Teilinhalte. Sogar die durch ein bestandenes Examen legitim erworbene Positionsebene entbehrt in ihrem konstitutionellen Gerüst nicht der Lücken, in diesem Falle der Wissenslücken, die der Examinator teils wohlwollend, teils unvermeidbar übersah.

Bei aller Fragwürdigkeit ist die Macht naturwissenschaftlich uneingeschränkt real.

Der Hauptmann von Köpenick hätte seine Soldaten z. B. auch schießen lassen, also durch seine erschlichene Machtposition durchaus reale physikalische Wirkungen einleiten können.

Die Tatsache, daß die meisten Schwindler *mit den Wünschen* ihrer Opfer operieren, verweist auf die Bedeutung des „In-Aussicht-Stehenden" in diesem Bereich. Nur ein System, das dazu befähigt ist, *Chancen haben zu können,* kann beschwindelt werden, weil die Reichweite der Aussichten praktisch unübersehbar ist. Der Schwindler, der die Anfechtbarkeit eines Systemes für sich ausbeuten will, muß allerdings in seiner Weise findig sein. Er muß die „schwachen Stellen" ausfindig machen, wozu allerdings manchmal keine zu große allgemeine Intelligenz, sondern mehr das Vermögen erforderlich ist, gewisse Schranken für sich nicht gelten zu lassen.

Findigkeit (im weiteren Sinne) ist sogar für die primitiven und brutaleren Formen der Machtausübung Voraussetzung.

Im besonderen Sinne ist die Machtausübung im Bewußtsein von „Beziehungen" abhängig. Die Informationen über die Aussicht auf Beute sind nicht die Beute selbst. Das Traumbewußtsein geht sogar so weit, Wünsche des Träumers durch bloße Bilder der Wunscherfüllung zu befriedigen. Das ganze Show-Geschäft der Illusionisten — das in unserer angeblich nüchternen Zeit blüht wie kaum zuvor — lebt von Ersatzbefriedigungen. Eine Unterschrift — also ein Bild — unter einem Vertrag oder unter einem Scheck genügt, um ganze Großstädte entstehen zu lassen. Die sehr geschickte Fälschung des Schwindlers kann — zumindest zeitweise — ähnliche physisch nachweisbare Wirkungen hervorrufen. Auch dafür gibt es reale Beispiele. Diese sind zugleich Beweise dafür, daß die Macht mit der Summe der sie aufbauenden Energien nicht identisch ist.

Im Anschluß an mein Referat auf dem letzten Psychologen-Kongreß (1967, Münster), in dem ich u. a. ausführte, daß die Macht anders und mehr ist als die Summe ihrer Energien, wurde in der Diskussion darauf hingewiesen, daß z. B. die Macht des Geldes durch ein Bankkonto dargestellt werde, das durch *Addition* entstanden ist.

Dem wurde jedoch von anderer Seite entgegengehalten, daß gerade die Macht des Geldes zeige, daß diese nicht identisch ist mit der Summe eines Bankkontos, sondern durch die sehr unterschiedlich genutzten *Möglichkeiten,* dieses Guthaben einzusetzen, wirksam wird.

3. Die Beziehungsrealität sozialer Systeme

Macht haben und ausüben können offensichtlich nur solche Naturvorgänge, denen sich Aussichten, Chancen, Möglichkeiten, informative Zugänge, „Beziehungen" zur *Lenkung und Leitung* verfügbarer Energien eröffnen. Damit steht die Befähigung zur Voraussicht und zum Vorgriff in abhängigem Zusammenhang. Diese Abhängigkeit ist zudem eine gegenseitige und potenzierbare. Je besser der Vorgriff, je höher die Macht, je höher die Macht, je besser der Vorgriff. Theoretisch ist diese Steigerungsfähigkeit unbegrenzt, sie wird aber praktisch durch andere Mächte und Widerstände beschränkt und in Schach gehalten.

Die Folgemäßigkeit des Potenzierungsvorganges im Mehr-als-Summenhaften habe ich bei früherer Gelegenheit am Phänomen der wachsenden und sterbenden Sympathie darzustellen versucht *(Meinecke,* G.: 101 ff.; 1939).

Bezeichnen wir den heutigen Lebensraum des Menschen als einen solchen der erheblichen geistigen Horizonterweiterung und bedenken wir, daß das Bewußtsein an dieser Potenzierung des menschlichen Einflußbereiches zumindest beteiligt gewesen ist, so zeigt das, wie sehr eine korpuskular nicht darstellbare Existenz bei aller Anfechtbarkeit und Fragilität nachhaltig und physikalisch nachweisbar wirksam ist.

D. Der verhaltenswissenschaftliche Zugang zum Sichgewahrsein

1. Die Beziehungsrealität der Selbstbeobachtung

Es ist ein merkwürdiger Widerspruch, daß ausgerechnet in unserer Zeit der zunehmenden Selbstbeobachtung die Methode der Introspektion beargwöhnt wird. Wie schon bei früherer Gelegenheit erwähnt, werden für die Fragwürdigkeit des Verfahrens der Selbstbeobachtung mancherlei Gründe angeführt. U. a. hat auch *Kant* darauf hingewiesen, daß

„... die Beobachtung sich selbst schon den Zustand des beobachteten Gegenstandes alteriere"

(Kant, I.: Metaphysische Anfangsgründe der Wissenschaften; 1786)

und weiterhin kritisch vermerkt:

„Will er (der Mensch) auch nur sich selbst erforschen, so kommt er, vornehmlich was seinen Zustand im Affekt betrifft..., in eine kritische Lage: nämlich daß, wenn die Triebfedern in Aktion treten, er sich selbst beobachtet und, wenn er sich beobachtet, die Triebfedern ruhen."

(Kant, I.: Anthropologie in pragmatischer Sicht; 1798)

Dessenungeachtet bejaht *Kant* entschieden die Realität und Bedeutung des Bewußtseins. Zwar interessiert ihn diese weniger in psychologischer Hinsicht; doch gänzlich ohne Introspektion lassen sich auch keine philosophisch motivierten Untersuchungen und Betrachtungen über das Bewußtsein anstellen.

Malebranche, der der Psychologie den Charakter einer Wissenschaft abgesprochen hat (weil sie keine Idee von der Seele habe), akzeptiert dennoch die Realität des Bewußtseins. Er meint sogar, alles, was wir durch das Bewußtsein als unserer Seele zugehörig erfassen, sei wirklich im Bewußtsein. Diese Auffassung werden wir heute nicht unbedacht dahingehend ausweiten, daß etwa Bewußtseinsinhalte durch die Selbstbeobachtung unbedingt richtig erkannt würden. Zudem ist die Realität der Selbstbeobachtung nicht an ihren Übertreibungen zu orientieren. Offensichtlich kann man sich in seinen Selbstbeobachtungen verlieren, und in der Geschichte des Bewußtseinsproblems kommt es sehr häufig vor, daß spekulative Übersteigerungen der Selbstanalyse in völlig unkontrollierbare Scheinwirklichkeiten geraten, die zudem uferlos sind.

Das berechtigte Anliegen der Verhaltenswissenschaften, sich vor solchen Uferlosigkeiten der Selbstanalyse zu bewahren, rechtfertigt allerdings nicht die Gepflogenheit, zusätzliche Informationen zu mißachten oder gar zu ignorieren, die vermittels der Selbstbeobachtung gegeben sind.

Zudem ist aus der reinen Verhaltensbeobachtung der Menschen her zu erschließen, daß sich diese wie typische Selbstbeobachter verhalten. Ihre Reaktionsart ist durch die Introspektion und Selbstüberwachung deutlich mitbestimmt. Davon wird noch ausführlicher die Rede sein. Hier sei zunächst darauf verwiesen, daß zumindest die manierierten Formen des Benehmens auf bewußte und nicht immer sehr glückliche Selbstkorrekturen schließen lassen. Doch auch positive Verhaltensweisen wie die sorgfältige Überlegung vor Entscheidungen, die längeren Zwischenzeiten der Überlegungen im Für und Wider, lassen den sicheren Schluß zu, daß es sich dabei um Lebewesen handelt, die ihr Verhalten überwachen können. Nicht zuletzt sind die Selbstaussagen über das Vermögen der Introspektion Zeugnisse, die sich nicht ignorieren lassen, zumal sie ausnahmslos von jedem gesunden Menschen erlangt werden können, wenn man ihn entsprechend befragt.

2. Die Beziehungsrealität der Selbstgewißheit

Neben dem Vorkommen von Selbstbeobachtern und Selbstbeobachtungen dürfte das Vorkommen von spezifischen Äußerungen, Verhaltensweisen und Qualifikationen nachweisbar sein, die aus der Selbstbeobachtungsfähigkeit des Menschen mitbeeinflußt werden. Es ist naheliegend, daß der Denker hierbei zunächst an das Denken gedacht hat: Ich denke, also bin ich. In einer Zeit indessen, in der man unverhohlen von Denkmaschinen und von künstlicher Intelligenz spricht, mag es nicht mehr zwingend erscheinen, von der Fähigkeit, denken zu können, auf die Fähigkeit zum Sichgewahrsein zu schließen. Denkmaschinen „denken", *ohne* sich ihrer bewußt zu sein.

Bei alldem sollte nicht verkannt werden, daß die Selbstgewißheit als solche schon ein ausreichender spezifischer Leistungsnachweis des Bewußtseins ist. Merkwürdigerweise fällt es uns schwer, die Selbstgewißheit als die wichtigste und elementare Leistung des Bewußtseins zu würdigen. Das mag u. a. damit zusammenhängen, daß wir uns ihretwegen nicht besonders anstrengen müssen.

Descartes indessen hat keineswegs nur an die Beziehungsrealität des „Ich *denke,* also bin ich", sondern an ein vielseitigeres Leistungsfeld im Bewußtsein gedacht. Das betont mit anderen Worten auch *Grau:*

„Es ist allemal ein Fehler, wenn in Übersetzungen cartesianischer Schriften die Formel ‚cogito ergo sum' mit ‚ich denke, also bin ich' wiedergegeben wird. Damit wird nämlich übersehen, was Descartes häufig genug betont hat: daß er unter ‚cogitare' nicht nur nach altem Sprachgebrauch das Denken im engeren Sinne, also etwa das ‚dubitare, affirmare, negare' verstehe, sondern alle Tätigkeiten der Seele überhaupt, auch das ‚sentire, percipere, imaginari, velle, nolle, sperare, timere, diligere, odi' usw. ..."

Descartes ist weiterhin der Ansicht, daß das Bewußtsein eines psychischen Aktes mit dem Erleben von Gegenständen unmittelbar gegeben sei:

„... Wer irgendein Objekt empfindet, empfindet zugleich auch, daß er empfindet; und wer Bewußtsein hat, hat zugleich auch ein Bewußtsein seines Bewußtseins ... Demnach ist der Ausdruck ‚cogito ergo sum' (ich habe Bewußtsein, also bin ich) gleichbedeutend mit dem Ausdruck ‚cogito me cogitare ergo sum' ich habe Bewußtsein, daß ich das Bewußtsein habe, also bin ich) und so ins Unendliche weiter ..." *(Grau,* H. J.: 10, 12; 1916).

Dieses „Erkennen seiner selbst", das bisher unbestritten als ein Privileg bewußtseinsbefähigter lebender Wesen aufgefaßt wurde, soll nach Ansichten einiger Kybernetiker auch Maschinen möglich sein. So beschreibt W. G. *Walter* unter der Überschrift: „Erkennen seiner selbst" eine Maschine, die imstande ist, auf das von einem Spiegel zurückgeworfene Licht ihrer am „Kopf" befindlichen Lampe mit vor- und zurückgehenden Bewegungen zu reagieren:

„Daher zögert das Geschöpf vor einem Spiegel und flattert, und zittert und trippelt wie ein Narziß. Das Verhalten eines mit seinem Spiegelbild beschäftigten Wesens ist sehr charakteristisch. Wenn es rein empirisch bei einem Tier festgestellt wäre, nähme man es als Beweis eines gewissen Grades von Erkennen seiner selbst" *(Walter,* G. W.: 103; 1963).

Das ist eine bezeichnende verhaltenswissenschaftliche „Beweisführung". Da uns ein Tier über sein vielleicht erlebtes Sichgewahrsein nicht zu unterrichten vermag, kann lediglich aus seinem Verhalten auch kein Unterschied zwischen ihm und einem maschinellen Reflexvorgang herausgelesen werden. Folglich ist er wissenschaftlich nicht vorhanden.

Doch diese Schlußfolgerung ist sogar rein verhaltenswissenschaftlich nicht vertretbar. Gerade von den Tieren ist bekannt, daß sie um ihr Dasein kämpfen und zumindest an ihrer Selbstbehauptung interessiert sind oder — noch vorsichtiger ausgedrückt — daß sie sich so verhalten, also ob sie an der Erhaltung ihres Lebens interessiert wären. Von Maschinen ist bisher überhaupt keine Reaktion bekannt, die auch nur andeutungsweise auf ein eigenes Interessiertsein der Maschine schließen ließe. Ganz sicher ist die oben erwähnte Maschinerie kein eigeninteressierter Vorgang. Damit fehlt einem etwaigen Narzißmus jede Grundlage.

Gewiß bestehen heute keine prinzipiellen Schwierigkeiten mehr, Maschinen zu bauen, die z. B. beim Herannahen einer zerstörenden Gewalt „Achtung", „Gefahr" oder „Hilfe" oder bei Einschränkung der Energiezufuhr: „Ich hungere" oder „Ich ängstige mich" u. dgl. „schreien". Doch daraus wird niemand schließen dürfen, daß diese Maschinen sich wirklich ängstigen und sich der Gefahren bewußt sind. Hierzu hat bereits *Descartes* vorausschauend so klare und zutreffende Erläuterungen gegeben, daß man sie als heute noch gültige Antwort an zu weitgehende kybernetische Angleichungen gelten lassen darf:

„... es läßt sich wohl begreifen, wie eine Maschine so eingerichtet ist, daß sie Worte hervorbringt und sogar bei Gelegenheit körperlicher Handlungen, die irgendeine Veränderung in ihren Organen verursachen, einige Worte ausstößt, wie zum Beispiel, wenn man sie an irgendeiner Stelle berührt, daß sie fragt, was man ihr sagen wolle; wenn man sie anderswo anfaßt, daß sie schreit, man tue ihr weh, und ähnliche Dinge; nicht aber, daß sie auf verschiedene Art die Worte äußert, um dem Sinn alles dessen zu entsprechen, was in ihrer Gegenwart laut wird, wie es doch die stumpfesten Menschen vermögen. Und das zweite ist, daß, wenn sie die Dinge ebenso gut oder vielleicht besser als einer von uns machten, sie doch unausbleiblich in einigen anderen fehlen und dadurch zeigen würden, daß sie nicht nach Einsicht, sondern lediglich nach der Disposition ihrer Organe handelt ..."

(*Descartes*, René: Ausw., hrsg. v. *Frenzel*, Ivo: 79, 80; 1960)

So würde sich eine Maschine, die alle Verhaltensweisen eines freudig erregten Menschen nachahmen und sogar „Ich freue mich grenzenlos" ausrufen würde, sich faktisch darin von einem sich freuenden Menschen unterscheiden, daß sie sich *nicht wirklich freut*. Es ist also ein *wissenschaftliches* Manko der ausschließlich behavioristischen Tatbestandsaufnahme, daß dieser ein so *wesentlicher* Unterschied prinzipiell entgeht. Ganz privat weiß selbstverständlich auch der Behaviorist davon, daß es — zumindest unter den Menschen, möglicherweise sogar unter den Tieren — freudebefähigte Naturvorgänge gibt. Er weiß außerdem davon, daß ein Mensch Freude vortäuschen kann. Durch Aussprachen mit anderen Menschen kann er erfahren, daß auch andere Menschen solche Erfahrungen machen. Er müßte dazu allerdings das Verfahren der Introspektion als ein Verfahren der wissenschaftlichen Information akzeptieren. Bei manchem berechtigten Mißtrauen gegen so intime und persönliche Informationen erfordert es die wissenschaftliche Korrektheit auch des Maschinentechnikers, daß dieser anerkennt, daß das Leben mit der „Erfindung", sich freuen zu können, eine der wichtigsten Erfindungen gemacht hat, die es je geben könnte.

3. Die Selbstkritik und die Einsicht in Erwägungen

Zu den unmittelbaren Leistungen unseres Sichgewahrseins gehört es, daß es uns Einsicht in unsere Erwägungen ermöglicht. Erwägungen in diesem Sinne gibt es nur in der Existenzform des Vorhabens. So können wir bei Durchführung einer Rechenoperation in den sich in uns vollziehenden Rechenvorgang in einem gewissen Ausmaß hineinsehen. Die bisher bekanntgewordenen Rechenmaschinen dagegen operieren gänzlich ohne diese Selbstbeobachtung. Nun ist allerdings der Vorgang des Kopfrechnens ein ungünstiges Beispiel für die Einsicht in Erwägungen, die in solchen und ähnlichen Denkoperationen nur recht dürftige Resultate zeitigt, so daß es beinahe begreiflich ist, wenn man auf den Gedanken kam, das Kopfrechnen und ähnliche Funktionen schlußfolgernden Denkens vollzögen sich im Prinzip ähnlich vollautomatisch wie die maschinellen Verfahrensweisen der künstlichen Intelligenz.

Doch benutzen wir unser Denkvermögen gemeinhin nicht nur für die Durchführung abstrakter Denkaufgaben, sondern viel häufiger für die Durchführung von Erwägungen vor lebenswichtigen Entscheidungen. Hier pflegen wir oft langfristige Nachdenklichkeit anzuwenden, um zu richtigen oder günstigen Entscheidungen zu gelangen. Möglicherweise verwenden wir dabei sehr viel Denkkraft sogar für unlösbare Aufgaben. Auch wissenschaftliches Denken um wirklich schwer lösbare Probleme geht diesen Gang langwieriger Erwägungen. Die Einschaltung technisierbaren Schlußfolgerns und Berechnens — sei es „im Kopf" oder vermittels von Rechenmaschinen und Computern — enthebt auch den zukünftigen Wissenschaftler nicht der Notwendigkeit eigener Erwägungen.

3. Die Selbstkritik und die Einsicht in Erwägungen

Zudem können solche Erwägungen insofern unumgänglich sein, als sie in einer Breite ganzer Erfahrungswelten verankert sind, die durch keine noch so große und vielgestaltige Summation von maschinell erworbenen Einzeldaten ersetzt werden kann. Vornehmlich gilt das für Erwägungen im eigeninteressierten Vorhaben. Diese können so bedeutsam für Existenzfragen sein, daß wir selbst dann nicht an Maschinen abgeben wollen, wenn das durchaus zweckmäßig wäre.

Wir haben auch im Zeitalter der Naturwissenschaften nicht nur über physikalische, sondern gleichfalls über menschliche Probleme nachzudenken, und es könnte sogar sein, daß die Förderung der Kritik z. B. um soziale Probleme vordringlich wird. Ebenso ist das Denken in unserem Alltag kein zweitrangig wichtiges Denken, wie es manch einem erscheinen mag, der das Denken als rein akademische Angelegenheit bewerten möchte. Jedenfalls geht es um sehr wichtige menschliche Entscheidungen, wenn wir etwa über einen Wechsel unserer Erwerbstätigkeit, über die Bindung an andere Menschen (Freundschaft, Verlöbnis, Heirat), über die Richtigkeit unserer weltanschaulichen Sicht, über Fragen des Gewissens, über Pläne, Ideen, Wagnisse nachdenken, die uns besonders angehen. Es ist das das Denken, das unsere Existenz als *Person* betrifft.

Erst die Befähigung zur Selbstbeobachtung ermöglicht die Selbstkritik. Zwar ist die Selbstbeobachtung als solche noch nicht mit der Selbstkritik identisch, aber ohne die grundsätzliche Einsicht in unsere Erwägungen könnten diese überhaupt nicht selbstkritisch beeinflußt werden. Das Verfahren der Introspektion ist also zumindest für die Selbstkritik eine unerläßliche Voraussetzung. Mag im Bereiche unseres Selbstes viel Selbsttäuschung anstehen, so ist das erst recht ein Grund, der Selbstkritik die Voraussetzung für eine umfassende Wirksamkeit einzuräumen:

„Unsere Selbsterkenntnis zu disziplinieren kann uns nicht schwerfallen, da sie selbst uns für ihre möglichen Ausartungen und Abgleitungen die Augen öffnet" *(Litt, Th.: 1263; 1957).*

Die unbedingte Notwendigkeit der Selbstkritik für das Denken im Bereiche menschlicher Probleme steht wohl außer Zweifel. Doch wird auch der Naturwissenschaftler die Bedeutung der Selbstkritik für die Denkarbeit im Dienste seiner Wissenschaft nicht ganz bestreiten können, zumal auch er der kritischen Einsicht in seine Erwägungen bedarf. Darüber hinaus kann er — will er eine grundsätzliche Einstellung zum Natur*ganzen* gewinnen — das Sosein eines lebenden Naturvorganges nicht ignorieren, dem nachweislich eine Einsicht in Erwägungen möglich ist.

4. Person, Ausdruck und Verhalten

Die Person ist nicht als Mittel des Bewußtseins aufzufassen. Die Person ist vielmehr jene Instanz, die (vermittels ihres Ichs) ein Bewußtsein hat. Die Introspektion vermag das Wesen der Person nicht im vollen Umfange zu erschließen. Zur Person gehört u. a. die Tiefenperson und auch die Leiblichkeit der menschlichen Existenz.

Die Ausdruckspsychologie versucht, das Wesen der Person vom Ausdruck her, z. B. aus der Mimik und aus dem Gebaren zu erschließen. Der Ausdruckspsychologe bevorzugt dabei gern den spontanen Ausdruck, weil dieser ihm als weniger vom Ich und Überich gesteuert und deshalb unverfälschter erscheint. Die Deutung des Ausdruckes bleibt dessenungeachtet ein nicht immer vollauf kontrollierbares Ermittlungsverfahren. Um etwaige spekulative Ausdrucksdeutungen von vornherein zu vermeiden, hat die Verhaltenspsychologie ihre Untersuchungen auf kontrollierbare Verhaltensweisen zu beschränken versucht. Sie bevorzugt die Ermittlung von *Leistungen,* von Verhaltensantworten auf möglichst eindeutig bestimmte oder bestimmbare Reize, Aufgaben und Forderungen.

Es gibt den bewußten und den unbewußten Ausdruck und es gibt bewußtes und unbewußtes Verhalten. Die Ermittlung von Ausdrucksstilen (Wesensstilen) der Person, von Charaktereigenschaften und Verhaltenstypen beschränkt sich daher im allgemeinen nicht auf das Verfahren der Introspektion.

Daraus darf u. a. geschlossen werden, daß Seelisches nicht erst des Bewußtseins bedarf, um als solches wirksam zu werden. Das Bewußtsein ist lediglich ein besonderes Forum des Beseeltseins. Das Befähigtsein zum Bewußtsein stimuliert jedoch das Verhalten. Ein Mensch, der mit vollem Bewußtsein handelt, verhält sich anders als in jenen Fällen, in denen er kurzschlüssig-spontan reagiert. Schon aus diesem Grunde kann die Verhaltenspsychologie das Bewußtsein nicht grundsätzlich ignorieren.

E. Die Realität des Vorhabens

1. Die Vorsätzlichkeit der Programmierer

Noch ist es üblich, den Computern ein Programm einzugeben und noch entspricht dieses Programm einer menschlichen Idee, die — mag sie im Unbewußten geboren sein — zunächst im Bewußtsein des Programmierers vorbereitet und vorgeklärt sein muß. Zweifellos ist es denkbar, daß eine Maschine ein neues Programm „entwirft" und dieses einer anderen Maschine „eingibt". Doch kann eine typische Maschine kein eigenes Programmierungs*interesse* verfolgen. Es sei denn, sie hätte auf einem — bisher noch unbekannten — Wege typische Eigenschaften des Lebendigen erworben, vor allem die Mindestbefähigung des Lebendigen, eigene Interessen zu wahren. Dann wäre sie aber keine typische Maschine mehr.

Als Maschine folgt sie lediglich den in sie eingegebenen Bedingungen, wie das *Descartes* schon ausführte. Abweichungen vom Programm des Programmierers sind zwar möglich; doch handelt es sich in solchen Fällen immer nur um die Vortäuschung einer „Eigenwilligkeit"; ein echtes Eigeninteresse hat die typische Maschine nicht. Ihre „eigenwilligen Kapriolen" sind Folgen von physikalischen „Durchlässigkeiten" oder „Blockaden" im System ihrer Impulsverläufe, vergleichbar dem „eigenwilligen" Verlauf der Regentropfen an der Fensterscheibe. Zudem ist die vorgetäuschte „Eigenwilligkeit" durch geringste Eingriffe in die Maschine zum Verschwinden zu bringen, abzustellen, wie man ein Uhrwerk abstellt. Alle bisher bekanntgewordenen kybernetischen Maschinen — mögen sie noch so vielseitige und neue Kombinationen und Programmierungsgrundlagen herausfinden — bleiben von dem, was sich in ihnen vollzieht, grundsätzlich so wenig angesprochen wie das Zeitungspapier, das von den aufregenden Nachrichten, mit denen es bedruckt ist, unangefochten bleibt.

Demgegenüber ist der programmierende Mensch ein typisches Beispiel für eine Existenz im Vorhaben. Jedenfalls bedarf es nicht eines besonderen konstruktiven Bemühens, um die Vorsätzlichkeit des Programmierers darzustellen; sie ist einfach da, gegeben durch typische menschliche Verhaltensweisen.

Die Hilfe folgsamer Maschinensklaven wird mehr und mehr dazu beitragen, daß die menschliche Umwelt von programmierbaren Systemen durchsetzt wird. Die Wirkung menschlicher Vorsätzlichkeit wird auf diese Weise immer weitstreckiger und vielseitiger. Es ist damit zu rechnen, daß Maschinen das Suchen und Finden neuerer Tatsachenbereiche übernehmen werden. Obwohl die ursprüngliche Mitwirkung des Bewußtseins hierbei nicht auszuschließen ist, so erobert das maschinelle Suchen jedoch Bereiche, die den menschlichen Sinnesorganen und dem menschlichen Gehirn ohne diese Hilfsmittel überhaupt nicht zugänglich sind.

Dennoch gilt, daß diese Eroberungshelfer nicht selbst eroberungsinteressiert sind und es vermutlich auch nicht werden können, ohne daß sie die typischen Fähigkeiten der Lebewesen erwerben. Dieses Fehlen an eigenem Eroberungsinteresse behindert nicht die Weiterentwicklung der Maschine zu vollautomatischen Such- und Findeapparaturen. Es behindert aber die *unmittelbare* Zugänglichkeit der interessebefähigten Findigkeit, die u. a. den Menschen befähigt, *sich* zu finden und seine manchmal doch zu einseitigen Übersteigerungen abzufangen.

Darauf wird bei späterer Gelegenheit noch einzugehen sein.

2. Organe des eigeninteressierten Vorgriffes

Unter den Organen, die dem eigeninteressierten Vorgriff höherer Lebewesen dienen, sind die optischen und akustischen Sinnesorgane besonders exemplarisch. Die Organe des Hörens und Sehens dienen in besonderer Weise der *weitstreckigen* Überbrückung. Hinzu kommt, daß die Lichtwellen und auch die Schallwellen schon von ihrer physikalischen Beschaffenheit her der Aufrechterhaltung der Bildgüte, der Nachrichtenqualität überhaupt, besonders dienlich sind. Bereits im Organischen sind also physikalische Gegebenheiten mitverantwortlich dafür, daß ein Vorgriff zustande kommt. Noch mehr: Sogar die Beschaffenheit unserer Erde, ein einigermaßen ruhiges Gestirn mit einem ziemlich regelmäßigen Rhythmus der Wiederkehr der Ereignisse zu sein, ist eine wichtige Mitbedingung dafür, daß die Lebewesen den Ereignissen vorzugreifen vermögen. So können wir unbesorgt unsere Pläne darauf einstellen, daß der Weg zu unserem Tagesziel, zur Arbeitsstätte, zum

Ausflugs- oder Urlaubsort auch morgen und übermorgen noch wirklich vorhanden ist. Würde unsere Erde fortgesetzt so unbeständig sein, wie sie es in Erdbebengebieten manchmal ist, so würde sich der Aktionsradius unseres Vorgriffes erheblich verengen. Das aber zeigt zugleich, daß diese Beständigkeit unserer Erde und die Beschaffenheit der Lichtstrahlen zugunsten der Güte der übertragenen Nachrichten usw. zwar wichtige Mitbedingungen unserer Befähigung zum Vorgriff, nicht aber mit dieser identisch sind.

Immerhin beweisen uns unsere Sinnesorgane täglich, daß wir zum Vorgriff befähigt sind. Wir können dem herannahenden Auto, wenn wir es rechtzeitig erkennen, ausweichen, bevor wir von ihm etwa überfahren werden. Wir erleben diese unsere Fähigkeit zum Vorgriff durchweg als eine Aktion, deren Impuls *aus uns selbst* heraus erfolgt. Wir sagen von uns: *Ich* weiche aus, *ich* greife vor, komme zuvor usw. Was aber ist dieses „Ich"?

3. Das Ich als „Macht- und Liebhaber"

Viele unserer Handlungen, insbesondere die, für die wir eindeutig *verantwortlich* sind, scheinen ihren Ursprung in unserem Ich zu haben. Da das Ich in diesem Sinne erst im Sichgewahrsein funktionstüchtig ist, erscheinen die meisten unserer Leistungen als Leistungen des Ichs. Das Ich demonstriert sich als eine Art „Zentrum" unserer Eigenmacht. Die Beziehungsrealität der menschlichen Leistung zu ihrem eigentlichen Ursprung in uns ist auch dann gegeben, wenn für die Art und Beschaffenheit dessen, was wir Ich nennen, kein abbildbares Modell zu beschaffen ist. Im Verfahren des Sichgewahrseins ist zunächst lediglich die *Bezogenheit* auf etwas angezeigt, das wir als Ich bezeichnen. Was dieses Ich in seiner Vollkommenheit *wirklich* ist, *wird im Sichgewahrsein ganz sicher nicht ausreichend offenbar.*

Das hat manchen veranlaßt, seine Realität überhaupt zu bezweifeln. Wir gelangen damit an den heikelsten Punkt der wissenschaftlichen Bewußtseinsforschung. J. *Lacan* meint, das Ich habe mit dem Wahrnehmungs-Bewußtseinssystem nichts zu tun, es sei ohne Realität, es sei lediglich *Gegenstand einer Illusion, eines Wahnes. Ey,* der sich mit dieser Bemerkung ausführlicher auseinandersetzt, widerspricht ihm:

Das Ich ... „ist Zuschauer der szenischen Repräsentation, die im Bewußtseinsfeld vollzogen wird. Und es ist zugleich Akteur und Praesenz dieses Feldes" *(Ey,* Henri: 107; 1967).

Das Sichgewahrsein läßt sich auffassen als ein Verfahren der leibseelischen Ganzheit der Person, welches vorzugsweise im Bereiche seines „Nachrichtenwesens" anwendbar ist. Das Ich vertritt dann sozusagen das Interesse der Person, jedoch lediglich in einem besonders aufgehellten Bereiche ihres Nachrichtenwesens. Das Ich hat die leibseelische Ganzheit der Person und ihres Leibes „hinter sich", aber es ist mit dieser nicht identisch. Es ist nur ihr partieller „Bevollmächtigter". Vermutlich ist es keine scharf abgegrenzte Einheit. Ganz sicher ist es nicht mit einer maschinellen Nachrichtenzentrale vergleichbar, einmal weil letztere ganz und gar nicht eigeninteressiert und zum anderen, weil diese technisch prinzipiell anders konstruiert ist und nicht über das gleichzeitige Vermögen der Auf- und Abgeschlossenheit der vom lebendigen Geist bestimmten Strukturiertheit verfügt.

Zweifellos bietet der Umstand, daß wir die Bedingungen des Ichs nur mühsam erschließen, aber in ihrer vollen Wirklichkeit wohl niemals ganz richtig erfassen können, spekulativen Erörterungen viele Möglichkeiten. Doch rechtfertigt dieser Umstand es nicht, die Realität des Ichs gänzlich zu bezweifeln. Vielmehr ist das Sichgewahrsein eine Gegebenheit und in ihr gibt es die Beziehungsrealität des Vorgriffes aus der „Ichrichtung".

„Das Ich, so dürfen wir sagen, ist der gemeinsame, sich stets gleichbleibende Beziehungsmittelpunkt aller Bewußtseinsinhalte.

Das ist wenig, aber auch alles, was sich im Bereich des Erkennens über das Ich aussagen läßt" *(Grau, H. J.: 178; 1922)*.

Doch sogar über dieses Wenige hat es Auseinandersetzungen gegeben, und zwar ging es dabei hauptsächlich um die gleichbleibende Beschaffenheit des Beziehungsmittelpunktes. Bezeichnend für diesen Streitpunkt ist insbesondere die Auseinandersetzung zwischen H. *Driesch* (9; 1940) und Th. *Litt* (44; 1938). *Litt* hatte gemeint, mit der Zulassung der Selbstbesinnung habe man sich bereits gegen die These von der Unwandelbarkeit des Ichs ausgesprochen. *Driesch* machte demgegenüber geltend, daß sich die gewiß unleugbaren Veränderungen an meiner Person außerhalb meines Ichs vollzögen. Nicht das Ich sei es, das *sich* entwickele, sondern etwas, das sich an ihm, ja außer ihm verändere (11; 1940). *Driesch* spricht von dem *reinen* Ich, das sich in dem Satz erschöpfe: „Ich weiß Ich." Von diesem sagt er u. a. (44; 1940): „Hier liegt etwas radikal Starres, völlig Unwandelbares vor."

Offensichtlich haben sich beide Streitende zu weit in unkontrollierbare Bereiche vorgewagt. Sie haben eine zweifellos tatsächlich vorhan-

3. Das Ich als „Macht- und Liebhaber"

dene Polarität zu stark nach jeweils einer Polseite verschoben. Fassen wir das Ich als den abstrahierenden Repräsentanten unserer Person auf, dann ist es denkbar, daß sich das Ich von den Veränderungen, die sich an unserer Person vollziehen, elastisch distanzieren kann, ohne aber von diesen wirklich unabhängig zu sein. Wenn auch das Ich in meiner Selbstbeobachtung als „reines" Ich, als gleichbleibend erscheinender Beziehungsmittelpunkt, angezielt werden kann, so bedeutet das allerdings nicht, daß es mit Sicherheit von den Bewußtseinsinhalten unangetastet bleibt oder gar „abgetrennt" ist.

Es ist fernerhin zu fragen, ob die Bedeutung des Ichs ausreichend gekennzeichnet ist, wenn es nur als Bezugspunkt der Beziehungsrealität fungiert, die auf ihn verweist. Immerhin ist das Ich nachweislich der machtvolle Urheber jener Leistungen des Menschen, die heutzutage Bewunderung und Angst auslösen. In der auf diese Leistungen hinzielenden Beziehungsrealität erscheint das Ich als Souverän. Gewiß läßt sich nicht daraus folgern, daß es wirklich ein Souverän ist. Ganz sicher ist das Ich von Stoffen und Energien abhängig, die ihm zugänglich sein müssen. Da unbelebte Energie- und Stoffkombinationen als solche eine derartige Macht nicht auszuüben pflegen und auch unbewußte Naturvorgänge solches nicht bewerkstelligen konnten, kennzeichnet das, was wir Ich nennen, eine Sonderfunktion der belebten Natur, die mehr sein muß als eine Imagination. Das gilt auch dann, wenn wir den Bereich des Ichs nicht wissenschaftlich genau abgrenzen und ihn auch nicht zwecks Kontrolle in ein wissenschaftliches Laboratorium bringen können.

Keineswegs sollte allerdings die eigentliche Position des Ichs vorzugsweise an seiner etwaigen Machtfunktion orientiert werden. Diese vermag lediglich zu verdeutlichen, daß das Ich nicht nur eine Beobachterfunktion ausübt. Vielmehr umfaßt das Ich all das, was als Ergriffenheit und als Betroffensein zu kennzeichnen wäre. So ist es auch als *„Liebhaber"* souverän. Hier ist es das sogar voller und eindringlicher als in seiner Funktion als Machthaber. In dem sehr persönlichen Betroffensein als Liebhaber ist es schlechterdings unersetzbar. Hier will es sich ganz und gar nicht vertreten lassen. In der Liebe erscheint es im besonderen Sinne als der ausschlaggebende Repräsentant der Person. Das Verhalten des Liebenden ist dementsprechend ganzheitskausal.

F. Die Rangpositionen psychischer Energien

1. Das „Geistige" und seine „Träger"

Über unsere seelischen Energien wissen wir erst durch unser Bewußtsein. Das bedeutet allerdings nicht, daß allein das Bewußtsein die Existenz seelischer Energien ermöglicht. Wohl aber vollziehen sich die seelischen Energievorgänge offensichtlich in einem bewußtseinszugänglichen Bereich. Dieser Umstand mag u. a. dazu beitragen, daß sich eine gewisse *Autonomie des Geistigen* darzustellen vermag, ohne daß diese in voller Tatsächlichkeit gegeben sein muß. So stellen wir etwa im freien Assoziieren fest, daß wir uns durch Ähnliches an Ähnliches, Verwandtes an Verwandtes, Zugehöriges an Zugehöriges und Gegensätzliches an Gegensätzliches erinnern, ohne daß es dabei notwendig wäre, an die physischen Energien in unserem Nervensystem zu denken, die erforderlich sind, um jene Assoziationen zu ermöglichen. Das Geistesleben in uns vollzieht sich — so scheint es — auf einer höheren Positionsebene als die physiologischen Bedingungen, die dieses Geistesleben ermöglichen. Dem entspricht, daß sich der Mensch seinen geistigen Fähigkeiten zufolge zum Beherrscher über Pflanze und Tier und über Energien erheben konnte, die ein Vielfaches der menschlichen Körperkräfte ausmachen. Im Zusammenhange mit seiner Bewußtseinsfähigkeit konnte der Mensch offensichtlich die höchste Entwicklungsstufe erringen, wenn es auch richtig bleibt, daß bestimmte Fähigkeiten insbesondere im Bereich der Sinnesorgane beim Tier besser ausgebildet sein können als beim Menschen.

Der Gedanke eines stufenartigen Aufbaues des Seelischen wird in der neueren Psychologie viel vertreten und erörtert. *Freuds* Unterscheidung von Unbewußtem und Bewußtem, vom Ich und Es und Überich, die Unterscheidungen der Hirnforschung zwischen Kortikal- oder Rindenperson und Tiefenperson, die Schichttheorie von *Rothacker* und endlich die Unterscheidung *Lerschs* zwischen einem *Lebensgrund*, einem ihm nahestehenden *endothymen Grund* (der Triebe, Strebungen und Anmutungserlebnisse) sowie dem *personellen Überbau* (des Denkens und des bewußten Wollens) im Aufbau der Person verweisen auf die Existenz verschiedener Positionsebenen im Seelischen.

1. Das „Geistige" und seine „Träger"

Lersch (75; 1956⁷) bezieht sich u. a. auf die Lehre vom Aufbau der Wirklichkeit, wie sie in der philosophischen Ontologie Nicolai *Hartmanns* entwickelt wurde. Nicolai *Hartmann* (552; 1933) vertritt die These, *daß die stufenartige Schichtung ein durchgehendes Gesetz der gesamten Wirklichkeit* sei. Er meint ferner, daß in diesem Aufbau die jeweils höhere Schicht der niederen aufruhe und von ihr getragen werde, dabei aber *ihre eigene Seinsform* und ihre eigenen Seinsgesetze habe.

Hinsichtlich des Stufenaufbaues der Seele hat bereits *Aristoteles* solchen Auffassungen viel Prinzipielles vorweggenommen. *Aristoteles* unterscheidet die

vegetative Seele (die Ernährungs- und Fortpflanzungsfunktion aller, auch der pflanzlichen Lebewesen)

animalische Seele (mit den Fähigkeiten des Begehrens, der willkürlichen Be-Bewegung und der sinnlichen Wahrnehmung)

vernünftige Seele (mit den Fähigkeiten des Wollens und Denkens)

Neben diesem vielerörterten und oft nachgeahmten Einteilungsschema ist die von *Aristoteles* ebenfalls vertretene *Hierarchie* des Stufenaufbaues noch heute sehr beachtenswert, wenn man diese in eine zeitgemäße Fassung bringt. *Aristoteles*, der zwischen „Form" *(Morphé)* und „Materie" *(Hýlē)* unterscheidet, meint nämlich u. a., daß die jeweils untere Stufe als Materie der höheren Form vorausgehe und er meint außerdem, daß im Stufenaufbau der Entwicklung ein zunächst „Form" *(Morphé)* gewesenes Höheres der nächsten Stufe als das Niedere, als Materie *(Hýlē)* diene.

Zwar werden wir uns heute nicht mit dem Gedanken einverstanden erklären, daß Materie zur Form und Form zur Materie werden könnte, doch richtig gesehen ist wohl die Tatsache, daß eine *zunächst höhere Stufe der Entwicklung im weiteren Stufenaufbau zum niederen Werkzeug wird.*

Aus der Kulturgeschichte lassen sich hierfür viele Beispiele anführen. So war die Entdeckung der Photographie — wie wir oben bereits ausführten — zunächst Problem, Aufgabe, hochstehendes Ziel. Nach der *gelungenen* Erfindung wurde die Photographie zum Werkzeug, u. a. zum Werkzeug zugunsten neuer höherer Zielsetzungen der Biologie und anderer Naturwissenschaften.

Die Bilder „Stufen" und „Schichten" sind dafür recht unzulängliche Veranschaulichungen. Im Lebendigen sind Höherentwicklungen durchweg mit Schwierigkeiten verbunden, die aktiv oder infolge glücklicher Begünstigungen überwunden werden müssen.

Der wirkliche Entwicklungsweg des Organischen, der zum Erringen der Positionsebene des Bewußtseins geführt haben mag, läßt sich heute wohl kaum in wissenschaftlich kontrollierbarer Weise rekonstruieren. Es ist möglich, daß eine besondere Art von Findigkeit erforderlich war, um das Erringen dieser Positionsebene zu ermöglichen, vielleicht genügte dazu auch eine Kette glücklicher Zufälle. Es ist denkbar, daß es des Zeitraumes von Jahrmillionen bedurfte, bis eine entsprechend wegweisende Findigkeit oder ein entsprechender Zufall jene Höherentwicklung einleitete. Sehr wahrscheinlich ist es, daß das Unbewußte des Organischen *gänzlich andere Formen der Wegweisung* realisiert als sie dem bewußten Denken zugänglich sind. Es sei etwa daran erinnert, wie sehr das Leben im Organischen mit seiner Biochemie „handgemein" ist.

Aus der überlegenen Stellung des Menschen in der Natur, insbesondere im Maschinenzeitalter, läßt sich wohl mit ausreichender Sicherheit folgern, daß das Bewußtsein eine Art Positionsebene einnimmt, für die das Kriterium des Errungenseins maßgebend ist. Geistige Kräfte des Menschen, die sich auf dieser Positionsebene auswirken, sind daher immer solche einer (bewältigenden) Machtposition. Sie sind wie die Macht nicht mit den physischen Energien identisch, wohl aber auf sie angewiesen. In diesem Bereich der Findigkeit, Überlegenheit, Zuhandenheit, der Lenkung und Steuerung liegt der Bedeutungsakzent einer psychischen Energie naturgemäß darin, sich des *Zuganges* zu physischen Energien *gewiß zu sein*. Diese höhere Bedeutungsebene läßt u. a. den Eindruck einer Autonomie des Geistes entstehen, die aber selbstverständlich nur im Aspekt des Sichgewahrseins so erscheint. Es gibt keine wirklich autonome seelische Energie.

2. Exemplarische Kriterien der Positionsebene

Die „Ebene" errungener Positionen ist selbstverständlich nicht im Sinne geologischer Ebenen aufzufassen. Denkt man im übertragenen Sinne an eine „Hochebene", so müßte dazu gesagt werden, daß die „Hochebene" des Bewußtseins sehr zerklüftet und von recht dynamischen „Bergbächen" durchzogen sein kann. Die entwicklungsgeschichtliche Betrachtungsweise wiederum darf sich nicht damit begnügen, lediglich die Steigerung einer geschichtlichen Linie zu verzeichnen. Die Geschichte der Natur etwa im Sinne der Geschichte eines Regentropfens, wie sie in Schulaufsätzen geschrieben zu werden pflegt, trifft nicht das Wesen der Geschichtlichkeit im Lebendigen und im bewußtseinsbezogenen Menschlichen. Geschichte im menschlichen Bereiche ist in besonderer Weise orientiert an der Befähigung zum Übergriff und Vorgriff, die u. a. das Vermögen, zu kürzen, ohne Lücken zu reißen, einbezieht. Zudem erleiden und erdulden Menschen nicht nur Geschichte, sondern sie machen auch Geschichte. Dementsprechend muß auch der Leib des Menschen ein solcher sein, der die Menschennatur gewährleistet.

„Der Leib des Menschen ist etwas wesentlich anderes als ein tierischer Organismus. Die Verirrung des Biologismus ist dadurch nicht überwunden, daß man dem Leiblichen des Menschen die Seele und der Seele den Geist und dem Geist das Existentielle aufstockt und lauter als bisher die Hochschätzung des Geistes predigt, um dann doch alles in das Erleben des Lebens zurückfallen zu lassen, mit der warnenden Versicherung, das Denken zerstöre durch seine starren Begriffe den Lebensstrom und das Denken des Seins verunstalte die Existenz. Daß die Physiologie und die physiologische Chemie den Menschen als Organismus naturwissenschaftlich untersuchen kann, ist kein Beweis dafür, daß in diesem ‚Organischen', d. h. in dem naturwissenschaftlich erklärten Leib, das Wesen des Menschen beruht" (*Heidegger*, Martin: 67; 1947).

Begnügt man sich indessen nicht mit der phänomenologischen Berücksichtigung des Sonderseins der menschlichen Existenz, sondern versucht darüber hinaus, dieses aus naturwissenschaftlichem Aspekt zu begreifen, so bedarf es der Kennzeichnung jener Kriterien, die z. B. den realen Unterschied zwischen Bewußtseinsbefähigtem und Bewußtseinsunbefähigtem grundsätzlich charakterisieren, zumal dieser durch daseinsanalytische Betrachtungen allein nicht genügend erhellt wird.

Dabei ist in der Tat die Vorstellung von einem „Stufenaufbau" ganz und gar nicht ausreichend. Das „Höhere" ist dem „Niederen" grundsätzlich nicht aufgestockt. Schon im Unbelebten ist das Ganze, z. B. einer chemischen Verbindung, mehr und anders als die Summe seiner Elemente. Darauf hat u. a. auch der Biochemiker *Butenandt* wiederholt und ausdrücklich hingewiesen. Im Belebten aber ist es die Macht, durch welche das Mehr-als-Summenhafte exemplarisch ausgewiesen ist. *Macht ist dadurch charakterisiert, daß sie sich zu potenzieren vermag.* Durch sie gelangte ein Faktor in die Natur, der ihr grundsätzlich den *Überstieg* ermöglichte. Erst von dieser Existenzart ab gibt es Überlegenheit (und Unterlegenheit) in der Natur. Diese charakterisiert u. a. auch die Positionsebenen, die mehr und anders sind als „höher" und „niedriger" gelagerte Schichten.

F. Die Rangpositionen psychischer Energien

Kriterien der Positionsebene

Eine Positionsebene ist gekennzeichnet durch *Errungensein:*

a) Das Errungene ist mehr als die Summe (als die Zusammensetzung, Kombination, Konstellation, Komplexion, Kohärenz) der dazu erforderlich gewesenen Energien.
b) Dieses Mehr-als-Summenhafte konstituiert eine neue Basis der Ermächtigung.
c) Die neue Basis derartiger Rang- und Machtpositionen realisiert das Mehrals-Summenhafte u. a. durch:

neue Chancen (Aussichten und Möglichkeiten)

neue Zugänglichkeiten („Beziehungen", „Werkzeuge", Verfügbarkeiten, „Zuhandenheit")

neue Findigkeiten („Aufschlüsse, Entdeckungen, „Intelligibilität")

neue Vorgriffe („Steuerungen", Zuleitung sonst vorbeiwirkender Bedingungen auf die Position)

neue Bewältigungen (Überlegenheit)

neue Erlebnisse (Überraschungen, „Reize", Begegnungen, Sympathien, Lust- und Liebesaussichten, Lebensdramatik)

3. Das Leib-Bewußtseins-Verhältnis

Die üblichen Erörterungen um das Leib-Seele-Problem im Sinne der Parallelitäts- oder Wechselwirkungslehre leiden vielfach an Unklarheiten, die im Begriff der Seele wie auch dem des Leibes vorweggenommen sind. Man ist sich indessen heute ziemlich einig in der Grundannahme, daß Seelisches nicht auf den Bereich des Bewußtseins beschränkt und daß es nur in einem lebendigen Leib anzutreffen ist. Es liegt daher nahe, den belebten Leib als einen beseelten aufzufassen. Uneinigkeit besteht allerdings in der Beantwortung der Frage, wieweit im Organischen das Beseeltsein hinabzureichen vermag. Darf auch ein Protozoen, das nachweislich Sinnesreize empfangen und auch lernen kann, schon als ein beseeltes Wesen aufgefaßt werden? Reicht das beseelte Unbewußte des Menschen bis in den Zellverband der Neuronen, bis in die Moleküle oder bis in die Atome oder gar bis in die Elementarteilchen der organischen Substanz?

Diese Fragen lassen sich heute noch nicht eindeutig beantworten. Es ist daher angebracht, die Diskussion zunächst am Bewußten und den das Bewußtsein tragenden belebten Leib zu orientieren. Das Leib-Bewußtseins-Problem vereinfacht sich weiterhin erheblich, wenn Klar-

3. Das Leib-Bewußtseins-Verhältnis

heit darüber besteht, daß nirgendwo in der belebten (oder unbelebten) Natur etwas Immaterielles ohne Träger zu existieren vermag. Keine Eigenheit eines Körpers vermag ohne Träger zu existieren *(Meinecke, G.: 12 ff.; 1966)*. Es gibt keinen „freischwebenden Geist" im typisch spiritistischen Sinne. Alle geistigen Vorgänge im Positionsbereich des Bewußtseins müssen also von Energie und Materie getragen sein. Wenn z. B. ein Gedanke eine motorische Aktion auszulösen vermag, so kann das nur im Wege einer Energiebeeinflussung geschehen, indem die den Gedanken tragenden und durch ihn zu einem besonderen System beherrschten Energien andere Energien zu leiten vermögen. Daß schwächere Energien stärkere auslösen können, wissen wir aus der Elektronik. Im Organischen geschieht das sicherlich auf einem anderen Wege, aber doch so, daß auch hier schwächere Energien stärkere auslösen und leiten. Die Führerrolle des Bewußtseins ist keine Macht der *reinen* Idee, sondern eine Art Ermächtigung, die das organische Gesamtenergiesystem der Positionsebene des Bewußtseinsfähigen zugestanden hat.

Die Ermächtigung, die der Positionsebene des Bewußtseins seitens des Gesamtsystemes des belebten Leibes zuteil geworden ist, erstreckt sich nur auf bestimmte und zum Teil sehr scharf abgegrenzte Bereiche. Sie ist vermutlich aus dem biologischen Interesse an der Außenweltorientierung hergekommen und betrifft vorzugsweise die biologischen Belange des „Nachrichtenwesens" im organischen Gesamtsystem. So ist es zu verstehen, daß wir vermittels unseres Bewußtseins zwar erheblich in die Außenwelt einwirken können, daß demgegenüber die Wirkungen auf das innerorganische System unseres Leibes nur auf ganz bestimmten Wegen möglich ist. Auch Informationen aus unserem leiblichen Geschehen gelangen nur spärlich und ebenfalls nur auf bestimmten Wegen in unser Bewußtsein. Durchweg läßt sich sagen, daß dieses Verfahren zweckmäßig zu sein scheint. Das Bewußtsein wird dadurch für die Außenweltorientierung (Fang der Beute, Flucht vor Feinden usw.) ziemlich freigehalten. Das leibseelische Geschehen dagegen durfte weitgehend „automatisiert" werden. Lediglich in Ausnahmefällen — wenn etwa uns vor Schreck der Atem stockt oder wenn wir erröten — wird die Schranke zwischen dem bewußten Nachrichtenwesen und dem autonomen Signalsystem des Leibes durchbrochen.

Jene „Weltoffenheit" im Zusammenhang mit der Befähigung zum Vorgriff *dramatisiert* das Geschehen auf der Bühne des Bewußtseins, während das autonome Signalgeschehen der innerleiblichen Organisation relativ undramatisch abläuft. Das bewußte Geschehen erscheint somit zwangsläufig als das Bedeutsamere. Ihm wurde gewissermaßen eine „offizielle" Bedeutung zuteil, die manchen sehr viel lebenswichtigeren unbewußten innerorganischen Vorgängen niemals zugewiesen wird. Bedeutsamkeitszuweisungen sind nur im machtbefähigten Naturgeschehen möglich; sie profitieren von den ihnen dienstbaren (unbewußten) Energiezugängen, die ihnen innerhalb der Gesamtorganisation zugestanden werden. Bedeutsame Ideen sind nicht mächtig „aus eigenen Gnaden", sondern sie erscheinen nur so, weil ihnen das Gesamtsystem einen Machtvorschuß zugestanden hat. Ähnlich verhält es sich mit der Eigenmacht unseres „Ichs", das allerdings in besonderer Weise im Sinne der Mehr-als-Summenhaftigkeit neue Anfänge setzt. So verstanden, sind die physischen Energien im Zentralnervensystem als dienstwillige Energiesklaven aufzufassen, die von der leiblichen Gesamtorganisation mit Energievorschüssen und vorbereiteten Systemen dahingehend ausgestattet sind, daß sie bedeutsame Nachrichten und Ideen zu besonderer Geltung bringen und dementsprechend begünstigen können. Die Introspektion vermag jedoch nur das Sosein von Ideen und ihren Bedeutsamkeiten zu erfassen, von der untergründigen Organisation, die sie selbst und das Erleben ermöglicht, empfindet sie unmittelbar nichts. Es wäre eine gefährliche Überschätzung des Verfahrens der Introspektion, wollte man aus solchem Bedeutsamkeitserleben auf eine tatsächliche Autonomie des Geistes schließen. Die Ausschließlichkeit der Introspektion als Verfahren wäre genauso irreführend wie der grundsätzliche Verzicht auf die Introspektion.

G. Die organischen Bewußtseinsträger

In manchen philosophischen Schriften, die sich mit dem Bewußtseinsproblem befassen, wird die Beziehung des Bewußtseins zur Nerventätigkeit kaum erörtert. Das mag u. a. durch die subjektiv erlebbare „Autonomie" des Geisteslebens begünstigt worden sein. Doch allein die Tatsache, daß Gifte und Betäubungsmittel die Funktion des Zentralnervensystemes beeinträchtigen, die „Autonomie" des Geisteslebens erheblich gefährden und sogar Bewußtlosigkeit provozieren können, erfordert zumindest die exemplarische Berücksichtigung solcher Abhängigkeiten.

Nach den bisherigen Erfahrungen ist ein gesundes Lebendigsein organischer Funktionen wie z. B. der Sinnesorgane und des Nervensystemes eine Mindestvoraussetzung auch des Bewußtseins. Das Lebendigsein — wie immer man es auffassen mag — wird also nicht von irgendeiner Theorie vorausgesetzt, sondern es ist ein naturgegebenes Vorkommnis im Zusammenhang mit Bewußtseinsvorgängen. In keinem Millimeter des Zellenstaates findet sich ein Bereich, der nicht vom Leben erfüllt und von diesem Lebendigsein abhängig wäre. Aus kybernetischer Sicht, die jeder Zelle ein eigenes Reglersystem zuspricht, heißt das, daß in jedem Kubikmillimeter des Zellenstaates zahlreiche Regler mit je einem eigenen Sollwert zur Verfügung stehen. Die Fortexistenz und die Lebensfähigkeit der Zellen in Gewebekulturen demonstriert weiterhin, daß Einzelzellen auch allein lebensfähig sind. Es entspricht also den naturwissenschaftlichen Erfahrungen, wenn wir sagen, daß die leibliche Gesamtorganisation über ein ganzes Heer lebendiger Sklaven verfügt, die dieser elastischer einzusetzen vermag, als das je in den bisher bekanntgewordenen Maschinen der technischen Welt ermöglicht werden konnte.

„Der Begriff des Nerven-„Systemes" muß so revolutioniert werden, daß jede Verbindung des System-Begriffs mit Rigidität und fester Ordnung unangemessen erscheint" *(Ey*, Henry: 115; 1967).

Das ist jedoch nicht etwa nur eine Frage des naturphilosophischen „Standpunktes", sondern es ist das eine Folgerung aus den *technisch* vorkommenden Bedingungen, denen die Funktion des Nervensystemes von Natur aus unterworfen ist.

1. Die Nachrichtenübermittlung als Lebenserscheinung

Ungeachtet der zahlreichen naturwissenschaftlichen Erfahrungen, die eindeutig aussagen, daß das Lebendigsein des Nervensystemes eine unerläßliche Voraussetzung seiner natürlichen Funktion ist, wird in vielen Schriften das Nervensystem unverhohlen als Apparatur, als Schaltwerk und als Netz aus Kabeln aufgefaßt. Seine Funktion wird durch Schemata veranschaulicht, wie sie sonst in Form von Schaltskizzen für elektrische Systeme verwendet werden. Insbesondere glaubt man vielfach, in gemeinverständlichen Schriften auf solche Veranschaulichungen nicht verzichten zu können. In Schriften, wie sie den Ärzten heutzutage gratis ins Haus geschickt werden, wird z. B. in einem attraktiven Farbbild im oberen Teil der Querschnitt durch einen Ischiasnerv und im unteren Teil der Querschnitt durch ein Fernsehkabel gezeigt. Die Ähnlichkeit ist in der Tat frappant; sie wirkt um so mehr, als kein Kommentar dazu gegeben wird.

Vielfach werden solche sehr großzügigen Vergleiche damit begründet, daß sie pädagogische Vereinfachungen sind, auf die man nicht verzichten kann, wenn man etwa den Verlauf der Erregungen im Körper verständlich machen will. Mit Vereinfachungen solcher und ähnlicher Art sind aber pädagogisch erfahrene Biologen nicht einverstanden:

„Man kann niemals durch falsche Vergleiche etwas richtig erklären, es sei denn, man benützt sie, um zu zeigen, daß der lebendige Organismus gerade *keine* Maschine ist" *(Kuhn,* Wolfgang: 9; 1962).

Das Konzept solcher Vergleiche ist übrigens keineswegs neu. Schon vor 50 Jahren hatten Bücher über das „Schaltwerk der Gedanken" (Carl Ludwig *Schleich;* 1919[18-21]) und über die „Mechanik des Geistes" (Walther *Rathenau;* 1922 [12-14]) hohe Auflagen.

„Wir haben ... im Hirngrau Millionen von Ganglien, die gegenseitig durch Kontakt oder Strahlung Stromaustausch, Stromwechsel, Stromein- und -ausschaltung ermöglichen. Sie sind umgeben von einem engschließenden System feuchter und trockener Platten, den Isolationsträgern, welche ihre Füllung erhalten durch die Blutgefäße..." (Carl Ludwig *Schleich:* 44; 1919[18-21]).

Zweifellos ist das *Langgestreckt- und Gebündeltsein* der Nervenfasern eine unbestreitbare Tatsache. Ob aber dieser Umstand es rechtfertigt, die lebendige Nervenzelle mit ihren Ausläufern durch unlebendige technische Energieerzeuger und Kabel zu veranschaulichen, das ist eine Frage, die sich nur dann richtig und pädagogisch angemessen beurteilen läßt, wenn die nachweisbaren technisch-konstruktiven Unterschiede nicht ignoriert werden. So muß nach der naturwissenschaftlichtechnischen Zulässigkeit bestimmter Modellvorstellungen gefragt werden, so etwa, wenn *Glees* meint,

„... daß Nervenzellen tatsächlich kleine Gleichstrombatterien sind, ebenso die Ausläufer der Nervenzellen, also die drahtartigen Verbindungen ..." *(Glees, P.: 526, ferner: 530; 1964).*

„Elektrisch ist der markhaltige Nerv als Kabelleitung aufzufassen ..." *(Kroebel, W., u. Krohm, G.: 281; 1959).*

Dem Moskauer Chirurgen Boris *Probrashenski* soll es gelungen sein, bei 23 Patienten die durch Nervenverletzungen beeinträchtigte Gesichtsfunktion wiederherzustellen, indem der beschädigte Teil der Nerven entfernt und durch feinste Metalldrähte aus Platin oder Tantal ersetzt wurde *(Probrashenski, Boris: 15; 1968).*

Es ist kaum zu bezweifeln, daß die Vorgänge in den Nerven Energievorgänge sind und daß diese u. a. zu elektrischen Energien Beziehungen haben. Doch wäre der Umstand, daß auch die von Organismen erzeugten oder verwendeten elektrischen Energien durch feine Metalldrähte weitergeleitet werden können, kein Grund, die gegebenen nichtmechanischen Bedingungen des lebenden Nervensystems zu ignorieren. Neurologen und Physiologen haben daher die Veranschaulichung der Nervenfunktionen durch Bilder elektrischer Schaltungen erheblich zurückhaltender beurteilt:

„... nichts, was wirklich der Ausführung einer gewollten Handlung entspricht, nichts, was als ‚Tun' im wachen Tage zählt, ist je durch Elektrizität hervorgerufen worden. So wurde nie ein ‚Wort' oder ein Ausruf oder ein Lachen oder Stöhnen je elektrisch hervorgelockt, obwohl ‚repräsentative Zentren' für das Sprechen aus anderen Gründen identifiziert wurden..." *(Sherrington, Sir Charles: 255; 1964; Originalausgabe: Cambridge 1940).*

Noch zurückhaltender gegenüber Maschinenmodellen ist der Embryologe:

„Weil die menschliche Eizelle bereits durch die Vererbung ihre besonderen Voraussetzungen zur Entwicklung besitzt, weist das Nervensystem, das allmählich im Laufe der ... Entwicklung aus dem Ei entsteht, in allen seinen morphologisch erkennbaren Teilen eine Eigenart auf, die nur beim Menschen nachweisbar ist. Sie ist weder rein formal noch rein mechanisch noch, was heute besonders wissenswert ist, rein chemisch zu erklären."

„Alle ... Entwicklungsbewegungen lassen sich in der beschriebenen Vollständigkeit und Präzision mit keinem technischen Material realisieren" *(Blechschmidt*, E.: 46; 1964).

Man beachte auch den Ausdruck *Präzision* in diesem Zusammenhang!

Seit einem halben Jahrhundert kann man zudem das *Wachstum* von Nervenfasern in der Gewebekultur unter dem Mikroskop verfolgen. Das zumindest verweist auf die Lebensfunktion der Nervenfaser.

1913 hat *Harrison* die Entstehung von Ausläufern von Ganglienzellen und die Verbindung mit anderen Zellen des Nervenkomplexes in einer Gewebekultur aus dem Medullarrohr des embryonalen Frosches beobachtet und in Serienaufnahmen festgehalten. Im deutschen Schrifttum sind diese Abbildungen wiederholt veröffentlicht worden, so bei *Erdmann*, Rhoda (89 ff.; 1922), und *Starck*, Dietrich (329; 1955).

So selbstverständlich es sein mag, daß ein Organ sich entwickeln und heranwachsen muß, so leicht wird diese Selbstverständlichkeit übersehen, wenn Organisches durch Schemazeichnungen dargestellt wird. Währenddem übrigens solche Schemazeichnungen von Veröffentlichung zu Veröffentlichung ihr Aussehen ändern, dürfte es bezeichnend sein, daß jene frühen Abbildungen der Gewebezüchter immer noch ihre exemplarische Bedeutung haben. Sie erinnern nicht nur daran, daß Nervenfasern zunächst wachsen und sich entwickeln müssen, sie verweisen auch darauf, daß diese auf organspezifische Stoffwechselvorgänge angewiesen sind und daß sie wie andere Organe *zugleich* mindestens zwei physiologische Grundaufgaben erfüllen:

1. die Wahrung ihrer Konstitution,
2. die Wahrung ihrer Funktion.

Da die Nervenfaser nachweislich zugleich beide Aufgaben erfüllt, müßte z. B. ein Techniker, der diese Faser im Prinzip nachbilden will, dementsprechend auch *beide* Aufgaben in seinen Modellen berücksichtigen, wenn diese nur einigermaßen wirklichkeitsentsprechend sein sollen. Bisher sind solche Modelle aber nicht bekanntgeworden.

Auch hier zeigt sich, daß das Leben auf seinen beiden Entwicklungsebenen, nämlich der des Organischen und der des Technischen erheblich unterschiedliche Leistungen vollbringt, was gewisse Parallelerfindungen nicht ausschließt. Beachtenswert ist vor allem, mit welch geringem morphologischen und „apparativen" Aufwand das Organische seine qualifizierten Leistungen erzielt.

Im Falle des Heranwachsens der Nervenfaser kommt z. B. noch die Leistung des selbständigen Hinfindens der Faser zum Erfolgsorgan hinzu:

P. *Weiss* und andere Autoren haben nachgewiesen, daß im Falle der Regeneration nach Verletzungen und während der Embryonalentwicklung sogenannte *Pionierfasern* gebildet werden, die, anderes Gewebe durchwachsend, zum Erfolgsorgan (z. B. zur Muskelplatte) selbst hinzufinden vermögen.

Kabel solcher Art gibt es in der Technik bisher nicht; sie würden z. B. für die Beseitigung von Störungen höchst vorteilhaft sein. Gewiß wäre es prinzipiell denkbar, daß einmal Kabel erfunden werden, die zu den für sie vorgesehenen Anschlußstellen von selbst hinfinden könnten; *doch welch erfinderischer und welch technischer Aufwand wäre dazu erforderlich!* Demgegenüber ist das Organische offensichtlich im Vorteil, weil auch in diesem Falle seine grundsätzliche Befähigung zur Intimwirksamkeit organspezifischer Direktiven zum Zuge kommen kann.

Nicht nur für den Lebenswissenschaftler, sondern auch aus einer mehr technischen Sicht, lassen sich unschwer weitere erhebliche Konstruktionsunterschiede zwischen Kabeln und Nervenfasern ermitteln:

Es ist allgemein bekannt, daß die hohe Geschwindigkeit des elektrischen Stromes, wie sie im elektrischen Kabel und in den meisten elektronischen Apparaten verwertet wird, in dieser Weise nirgendwo im Organismus genutzt wird. Nirgendwo im Organismus gibt es die langgestreckte oder netzartige Anordnung von Metallen oder ähnlichen Stoffen mit deren hervorragender elektrischer Leitfähigkeit; ebensowenig gibt es im Organischen eine so gute Isolierung, wie sie in den technischen Kabeln verwendet wird.

Derartige Vorrichtungen gibt es auch bei jenen Tieren nicht, die Elektrizität erzeugen. In einer instruktiven Übersicht, die U. *Franck* (612; 1966) hierzu veröffentlicht hat, wird das ausdrücklich vermerkt:

„Die biologische Elektrizitätserzeugung spielt sich ausschließlich in Stromkreisen von ionenleitenden Medien ab. Direkte Elektronenleitung gibt es im lebenden Gewebe nicht" *(Franck,* U.: 616; 1966).

Das Organische konnte übrigens Leitungen nach Kabelart schon deshalb nicht „herstellen", weil dazu hohe Temperaturen erforderlich gewesen wären. Die Energien im lebenden Organismus entstammen einem Stoffwechsel, der im Sinne einer relativ *kalten Verbrennung* erfolgt. Das grenzt die technischen Möglichkeiten des Organischen erheblich ein, sowohl was die Elektrizitätserzeugung angeht, als auch was die Elektrizitätsverwertung betrifft. So gibt es im Organischen keine Glühbirnen, keine Brownschen Röhren — übrigens auch keine luftleeren Räume —, statt dessen aber kaltes Licht.

2. Die Fragilität des Nervensystems

Da es robuste Leitungen nach Analogie der technischen Kabel im Organischen nicht gibt, ist auch deren relativ ungefährdete Funktion nicht möglich. Vielmehr ist bekannt, daß die Funktion des Nervensystems leicht und schnell gefährdet werden kann. So genügt die Unterbrechung der Sauerstoffzufuhr zum Gehirn für wenige Sekunden, um Lähmung und Ohnmacht herbeizuführen, und schon nach wenigen Minuten tritt der Tod ein. Wenn Nerven 5 Minuten keinen Sauerstoff erhalten, sterben sie ab. Allerdings konnte in Tierversuchen auf dem Wege durch Tiefkühlung die Funktionsfähigkeit des Nervensystems sozusagen in einen Stillhaltezustand versetzt werden, ohne daß es zu merklichen Schädigungen der Zellen kam. Diese experimentellen Eingriffe operieren jedoch mit Methoden, die anderer Natur sind als das bei Gefährdungen durch Unfälle gewöhnlich der Fall ist. Hier geht es um Verletzungen der Nervenzellen und der Fasern.

„Die von der Zelle abgetrennte Nervenfaser geht unter Verlust der Erregbarkeit stets zugrunde..."

„Durchtrennung der Faser führt zu degenerativen Veränderungen in allen Abschnitten der Ganglienzelle..." *(Bargmann, W.: 212, 213; 1963)*.

Das Innere der Nervenfaser, das Axon, das also, was in jenem groben Vergleich mit dem Kabel dem Kupferdraht entspräche, ist — unabhängig von der geringeren Leitfähigkeit und Festigkeit — auch als organische Substanz weder homogen noch stabil, sondern von höchst dynamischer Natur.

„*P. Weiss* (340; 1956) hat durch Stauungsversuche anschaulich zeigen können, daß der Nerv eine sehr dynamische Zellstruktur ist, in der ständig ein zentrifugaler Strom fließt..."

„Die Nervenfasern sind ... stets protoplasmatische Fortsätze des Zelleibes. Die Tatsache, daß im Kernbereich der Nervenzellen laufend eine sehr lebhafte Proteinsynthese stattfindet und daß ein ständiger Stoffabfluß im Axon von der Zelle nach der Peripherie nachweisbar ist, ist das stoffliche Korrelat des sichtbaren Faserwachstums..."

(Starck, D.: 328; 1063; nach Untersuchungen von Weiss, Casperson u. a.)

Aus der Sicht des ökonomisch denkenden Erfinders muß es verwundern, daß das sonst so erfinderische Leben, das u. a. das schützende Schädeldach gebildet hat, gegen die Gefahr der Unterbrechung der Blut- und Sauerstoffzufuhr nicht bessere Sicherheitsvorrichtungen entwickeln konnte.

Gewiß lassen sich die phylogenetischen Wege der „Erfindungstätigkeit" des Organischen nicht rekonstruieren. Doch wäre es denkbar, daß dieses sich organische „Notstrombatterien" hätte einrichten können, um in Notfällen die Zufuhr mit elektrischer Energie zu gewährleisten. Da es die organische Elektrizitätserzeugung grundsätzlich gibt, hätte eine solche Erfindung im Bereich des organisch Möglichen gelegen. Diese wäre aber nutzlos, wenn die Elektrizität nicht der eigentliche und entscheidende Träger der Erregungsleitung ist. Merkwürdig ist auch, daß die Nervenerregungen von den zahlreichen elektrischen Störungsquellen bei weitem nicht in dem Maße gestört werden wie die üblichen Nachrichtengeräte.

3. Die Übermittlungsfunktion der Nervenfaser

Wenn auch für die Erörterung der organischen Voraussetzungen der Bewußtseinstätigkeit das periphere Nervensystem mit seinen Nervenfasern von erheblicher Länge (beim Menschen bis zu 1 m) nur von indirekter Bedeutung sein mag, so ist es doch immerhin bezeichnend, daß sogar für diese langstreckigen Übermittlungen Modelle drahtartiger Verbindungen und Verzweigungen grundsätzlich nicht angemessen sind. Da die Reizgeschwindigkeiten (etwa 30 m/sec beim Frosch, 70 bis 120 m/sec beim Menschen) erheblich unter der Geschwindigkeit des elektrischen Stromes liegen, können schon aus diesem Grunde schnelle Elektronen in Faserrichtung nicht Träger der Erregungsfortleitung sein. Richtiger ist es daher, sich die Nervenfaser als eine aus langgestreckt angeordneten *Energiebereitschaften* bestehende Kette aufzufassen, in der eine Erregungsqualität von Kettenglied zu Kettenglied weitergegeben wird. Neuere Messungsergebnisse über den Ionendurchgang quer zur Erregungsleitungsrichtung und dabei auftretende Potentialdifferenzen lassen sich mit solchen Auffassungen durchaus in Einklang bringen. Hinsichtlich der genaueren technischen Daten sei auf die Übersicht A. *v. Muralts* verwiesen. Die Frage, ob die Erregung mehr von elektrischen oder mehr von chemischen oder noch andersartigen, vielleicht bisher noch ziemlich unbekannten Energiearten gewährleistet wird, kann hier durchaus offen bleiben. Es entspricht den neueren Erfahrungen auf diesem Gebiete, daß die Erregung *nicht im zügigen Elektronenfluß* längs der Nervenfaser übermittelt wird. Ohne daß die Streitfrage nach dem Wie der Übertragungsenergien hier voreilig entschieden werden müßte, dürfte der Begriff der Energiebereitschaft oder besser noch der übertragungsdienlichen Energiebereitschaft hier deshalb von Vorteil sein, weil er mit den organischen Gegebenheiten besser übereinstimmt als der der Kabelleitung. Es wird natürlich noch näher zu erläutern sein, was darunter zu verstehen ist.

Zunächst sei daran erinnert, daß es die Fähigkeit zur Reizübermittlung schon bei den Einzellern und auch bei solchen Vielzellern gibt, die keine Nerven und Nervenfasern besitzen. Bei den Pflanzen erfolgt die Reizübermittlung von Zelle zu Zelle, und zwar stehen zur Reizleitung nur die überall vorhandenen *Plasmodesmen* zur Verfügung (vgl. H. v. *Guttenberg:* 131; 1960). Die Plasmodesmen sind feinste Verbindungsfäden, die durch Aussparungen der Zellwände hindurch sämtliche Protoplasten des Pflanzenkörpers zu einer Einheit vereinigen. Es ist natürlich nicht gesagt, daß die Plasmodesmen stammesgeschichtliche Vorläufer der Nervenfasern sind; doch mit Sicherheit darf angenommen werden, daß die organischen Vorformen der Nerven mit technischen Kabeln überhaupt keine Ähnlichkeit haben.

Es hat sich die Ansicht durchgesetzt, daß auch den Pflanzen Reizbarkeit zukommt und daß ein Leben ohne Reizbarkeit gar nicht mehr vorstellbar ist *(Jost,* L.: 353; 1933). Das bekannteste Beispiel ist die Sinnpflanze (Mimosa pudica). Durch Stoß, Erschütterung, Verbrennung, Verwundung und durch elektrischen Strom können ziemlich schnelle Reaktionen provoziert werden, die meist darin bestehen, daß gelenkige Stellen der Pflanzen einknicken, so daß z. B. Fiederblättchen zusammenschlagen, Blattstiele sich herabneigen usw.

„Bei der Mimosa legt der Reiz, der von der Temperatur abhängig ist, nach Ansengen etwa 7 mm/sec, nach elektrischem Reiz 4 bis 30 mm/sec und nach Durchschneiden des Blattstieles bis 100 mm/sec zurück" *(Mevius,* W.: 266; 1955).

Noch höhere Reizgeschwindigkeiten werden bei der Venusfliegenfalle ermittelt:

„Die Reizleitung erfolgt sehr schnell; sie wird von *Burdon-Sanderson* zu 200 mm/sec bestimmt. Dabei dürfte sie *nicht in den Gefäßen* vor sich gehen, in deren Richtung sie ja auch nicht erfolgt. Vielmehr scheint sie in der *Ausbreitung eines Lebensvorganges* durch das Parenchym hindurch zu bestehen" *(Rawitscher:* 432; 1933).

3. Die Übermittlungsfunktion der Nervenfaser

Bei einigen Pflanzen erfolgt die Reizübermittlung in Gefäßbahnen. Es konnte das u. a. experimentell bewiesen werden, indem man solche Gefäßbahnen durch Rohrzwischenstücke künstlich verlängerte und feststellte, daß auch in diesen Fällen ein Erfolg der Reizwirkung eintrat. Diese Experimente sind deshalb bedeutsam, weil sie beweisen, daß die Zwischenschaltung *unbelebter* Zwischenformen (Rohre, Leitungen) die Reizübermittlung nicht unterbrechen muß. Gleichwohl widerlegt das die grundsätzliche Lebensabhängigkeit solcher Reizübermittlungen nicht.

Prothesen lassen sich in vielfacher Form in den Lebensverband einfügen, wie allgemein bekannt ist. Es dürfte gewiß z. B. auch chemische und andere energetische Teilfunktionen im Lebendigen geben, die im Prinzip wie „Prothesen" wirken. So ist z. B. der Blutflüssigkeitsersatz, der mit der echten Blutflüssigkeit nicht identisch ist, vorübergehend eine sehr brauchbare Hilfe, um nach Blutverlusten usw. wenigstens das Blut als Transportsystem in Gang zu halten. Auch manche Medikamente können sozusagen „chemische Prothesen" sein.

Bemerkenswert ist auch, daß chemische Einwirkungen schon bei Pflanzen deren Reizbarkeit erheblich beeinträchtigen. So konnte schon R. *Semon* (57; 1911) darauf hinweisen, daß der Einfluß von Narkotika auf die Reizübermittlung bei Pflanzen feststellbar ist.

„Sauerstoffmangel, Äther oder Chloroform, hohe oder niedrige Temperatur, dauernde Verdunkelung versetzen die Mimosa in einen Starrezustand, *in welchem sie nicht mehr reagiert*" (*Mevius*, W.: 267; 1955).

Dagegen lassen sich ein elektrisches Kabel und Gleichstrombatterien auch andeutungsweise nicht narkotisieren. Schon aus diesem Grunde sollte das Kabel als Modell der Übermittlungsfunktion der Nervenfaser ganz aufgegeben werden. Sind elektrische Potentialdifferenzen wichtige Symptome der Übertragungsdienlichkeit der Nervenfaser, dann erfolgt deren Beeinflussung durch Narkotika auf dem Wege über den Stoffwechsel. Das entscheidende Kriterium ist und bleibt die Lebensabhängigkeit der Nervenzelle mit ihren Fasern. Auch *v. Muralt* verweist auf die Lebensabhängigkeit der Erregbarkeit biologischer Strukturen:

„Alle erregbaren biologischen Strukturen (Nerven, Muskel, Drüsen, elektrische Organe, Sinnesreceptoren, Zellen des Zentralnervensystems) sind, solange sie leben, durch das Vorhandensein einer meßbaren, elektrischen Potentialdifferenz gegenüber ihrer Umgebung ausgezeichnet.

Wird ihr Stoffwechsel durch Sauerstoffmangel, Gifte oder durch Absterben blockiert, so findet ein Ausgleich der Ionen statt, die während des Lebens in einem besonderen Zustand des Ionen-Ungleichgewichtes gehalten wurden, und mit dieser Degradation zur Unordnung verschwinden auch die Potentialdifferenzen" *(Muralt, A. v.: 63; 1958).*

Zweifellos ist die Nervenfaser ein spezialisiertes Instrument der Erregungsübermittlung. Ihr Langgestrecktsein hat sicher eine biologische Bedeutung. Es dient der Überbrückung anderer Zellgruppen, die anderen biologischen Aufgaben dienen. Es dient der Aufrechterhaltung von Erregungszuständen im raum- und zeitüberbrückenden Verfahren. Die Abschirmung gegenüber Störungen wie auch die räumliche und zeitliche Überbrückungsfunktion dürfte primär durch ein funktionelles „Aufeinanderabgestimmtsein" in langgestreckter Form aneinandergereihter Energiebereitschaften und erst sekundär durch morphologisch nachweisbare „Schutzmäntel" gewährleistet sein. Auch die Erregungsübertragung an den Synapsen ließe sich in dieser Weise erläutern. Dazu sei auf ein Beispiel von *Spatz* verwiesen. Er veranschaulicht die Übertragung des Erregungszustandes an den Synapsen folgendermaßen:

„...man denke an Gevatterinnen, die von den Fenstern der vorragenden Obergeschosse von Fachwerkhäusern sich die neuesten Klatschgeschichten mitteilen..." (*Spatz*, H.: 1303; 1952; vgl. ferner: *Stochdorph*, O.: 1304; 1964).

In Anwendung dieses Beispiels auf die langgestreckt raumüberbrückende Nachrichtenübermittlung wäre an eine ganze Kette von solchen Gevatterinnen zu denken. Diese werden um so weniger von anderen Eindrücken, z. B. den Straßenlärm, und Beschäftigungen, z. B. ihrer Hausfrauentätigkeit, abgelenkt, *je begieriger sie aufeinander eingestellt sind.* Das Organische hat darüber hinaus offensichtlich das Verfahren erfunden, nicht erst ganze Worte abzuwarten, um sie weiterzugeben, sondern sogleich jeden Erregungsimpuls. Gewiß: Ökonomischer wäre das Verfahren der Übermittlung durch schnelle Elektronen im Kabel gewesen; doch *diese* „Erfindung" hat das Organische nicht machen können.

4. Die Aufrechterhaltung der Ganzqualitäten

Für die Erregungsfortleitung im peripheren System pflegt man im allgemeinen anzunehmen, es handele sich dabei um ziemlich qualitätsarme Signale, so daß die Analogie zu Stromstößen naheliegt. Solche Vorstellung lassen sich indessen auf die eigentliche Hirntätigkeit nicht übertragen. Insbesondere dann, wenn es sich um bewußtseinszugängliche Hirnvorgänge handelt, dürfte es sich vorzugsweise um die Aufrechterhaltung von Ganzqualitäten handeln, die durch angemessene Energievorgänge zu gewährleisten ist. Zwar ist die Ganzqualität des Sichgewahrseins mit der Ganzqualität etwa einer wahrgenommenen oder vor-

4. Die Aufrechterhaltung der Ganzqualitäten

gestellten Rose nicht identisch, jedoch dürfte es auch nicht zufällig sein, daß Ganzqualitäten im Sichgewahrsein zur Geltung kommen.

Dem entsprechen die apparativen Zurichtungen des Organischen. So sind die „Apparate" der optischen Wahrnehmung auf die Aufrechterhaltung der Ganzqualität der Bilder bedacht. Zwar wird das Bild auf der Netzhaut zerlegt; doch diese Aufteilung sowie die zunächst getrennte Überleitung in eine Gruppe von Nerven gestattet es durchaus, daß wir statt eines Bildmosaikes ein Bildganzes sehen. Eine Aufteilung in Stromstöße muß hierbei nicht stattfinden, während bei den meisten Nachrichtenapparaturen die Aufteilung in Stromimpulse technisch zwangsläufig ist.

Die Tatsache, daß mit dem Übergang des Bildes in Nervenerregungen der eigentliche Bildcharakter — physikalisch gesehen — in „etwas anders" umgeformt wird, hat vielfach dazu veranlaßt, hier an eine Art Übersetzung in eine Geheimschrift zu denken. Man spricht bei solchen und ähnlichen Gelegenheiten von Codierung und Codifizierung und hat sogar daran gedacht, daß hierbei eine Übersetzung im Sinne der Binärcodierung stattfindet.

Dabei wird gänzlich übersehen, daß der Organismus technisch ganz anders ausgerüstet ist als eine Informationsmaschine. Da er nicht mit der Geschwindigkeit schneller Elektronen arbeitet und da ihm im Zentralnervensystem auch nicht so abgeschirmt reagierende Schaltmechanismen zur Verfügung stehen wie den Computern, ist eine Binärcodifizierung für ihn praktisch nicht verwendbar.

Helmar *Franck* (211; 1964) hat — orientiert an der Tatsache der Trägheit der Chemorezeptoren der Netzhaut — rechnerische Gründe dafür angeführt, daß zumindest die Informationsübertragung der sensorischen Nervenfasern nicht durch Binärcodierung, sondern durch Frequenzmodulation erfolge.

Mag in physikalischer Hinsicht die Umformung der wahrgenommenen Bilder in Vorgänge der Hirntätigkeit wie ein Verfahren der Verschlüsselung aussehen, so gilt das ganz und gar nicht aus der Sicht des Wahrnehmenden. Für die bewußte Wahrnehmung haben die Nerven- und Hirnvorgänge die Aufgabe, das Wahrnehmen zu begünstigen. So verstanden dienen sie dem genau entgegengesetzten Prinzip, statt einer Verschlüsselung der Aufhellung, Deutlichkeit und Klarheit. Die dienende Funktion der Hirnvorgänge selbst bleibt dabei allerdings im Unaufgeklärten. Ob man diese so ohne weiteres mit den unbelebten Vorgängen einer maschinellen Codifizierung vergleichen darf, muß bezweifelt werden.

Zudem gibt es die Übertragung von Ganzqualitäten schon im Unbelebten. So überträgt z. B. ein Stein, der von einem Felsen auf weichen Erdboden fällt, diesem die Eigenheiten seiner Oberfläche. Jedes Druckverfahren verwendet dieses Prinzip. Durch den Abdruck werden Ganzqualitäten eines Bildes auf jeweils andere Träger übertragen. Das bedeutet, daß Ganzqualitäten nicht an bestimmte Träger gebunden sind. Wohl aber sind sie an Träger überhaupt gebunden. Diese physikalischen Übertragungsvorgänge sind zwar nicht mit denen der lebendigen Nachrichtenübermittlung identisch, sie sind aber eine Mindestvoraussetzung für Nachrichtenübermittlungen.

Im Organischen findet dieses Prinzip insofern eine Weiterentwicklung, als hier formstarre Matrizen und Druckstöcke nicht erforderlich sind, um Ganzqualitäten zu übertragen, hier gelingt die Verwirklichung solcher Übertragungen im Zuge systemstrenger, aber nicht formstarrer Entwicklungen (Entwicklung aus Zygoten, die Metamorphosen usw.).

Im Nachrichtenwesen des Organischen wurde dieses Prinzip offensichtlich dahingehend weiterentwickelt, daß die Übertragungsgeschwindigkeit der Ganzqualität erheblich gesteigert wurde, ohne daß jeweils eine Verkörperung von Bauplänen erforderlich war.

5. Die Wiedererweckung von Ganzqualitäten

Die Hirnvorgänge ermöglichen nicht nur die Aufrechterhaltung der Ganzqualitäten im Übermittlungsverfahren, sondern auch ihre Reproduktion, ihre Wiedererweckung. Bevor es zur Ausbildung der Befähigung zum Bewußtsein kam, kannte das Organische bereits jene bereits erwähnte Reproduktion in seinem entwicklungstypischen Formwandel, der die Verkörperung von Ideen im strengen Sinne art- und organspezifischer Baupläne demonstriert. Dieses Urvermögen zur Reproduktion, das aus dem Unausgeprägten einer winzigen Zygote ein viel größeren Raum ausfüllendes und abertausendfältig spezifisch geartetes lebendes Gebilde zur Ausprägung bringen kann, findet in keiner bisher verwirklichten Maschine ein angemessenes Modell. Es ist müßig, nach maschinenanalogen Erklärungen zu suchen. Wir beschränken uns daher darauf, es als einen im Organischen gegebenen Tatbestand hinzunehmen.

Da die Stammesgeschichte der Lebewesen viele Beispiele erbracht hat, denen zufolge es wahrscheinlich ist, daß sich Sinnesorgane und Nervensysteme höherer Lebewesen aus denen niederer entwickelt haben, darf

5. Die Wiedererweckung von Ganzqualitäten

angenommen werden, daß das allgemeine Reproduktionsvermögen des Organischen im Zuge solcher Entwicklungen eine entsprechende Differenzierung erfahren hat. Reproduzieren kann das Organische seit Urzeiten, doch jene von einer vollen Verkörperung absehende differenzierende Reproduktion, wie sie im Wiedererkennen und Wiedererinnern der Bewußtseinsvorgänge möglich ist, dürfte eine Weiterentwicklung gewesen sein, die gewiß erst erobert werden mußte. Es ist aber sehr wahrscheinlich, daß das Organische dabei von seinen Urbefähigungen zur ganzheitlichen Reproduktion ausgegangen ist und ganz sicher nicht von jener Form der „Reproduktion", wie sie in unseren Informationsmaschinen verwirklicht wird. Die Wiedergabe durch Schallplatten, Tonbänder, durch elektronische oder optische Aufzeichnungen, durch elektrische Akkumulation jedwelcher Art kann hierfür kein angemessenes Modell liefern, weil dementsprechende technische Bedingungen auch nicht angenähert im Organischen nachweisbar sind. P. *Glees* (435; 1962) vermutet in den *Nissl*-Körpern von Nervenzellen „den Ort einer zellulären Stapelung von Informationsgut". Sieht man davon ab, daß die Reproduktion sehr wahrscheinlich eine *Gruppenleistung* vieler Zellen ist, so daß es ohnehin schwierig sein dürfte, „Engramme" zu lokalisieren, so fehlt bei allen solchen Versuchen der Nachweis einer „Reproduktionsapparatur", die aus irgendwie gearteten und „deponierten" spezifischen Dispositionen eine „Erinnerung" oder ein „Wiedererkennen" bewerkstelligt. Derartige Reproduktionsapparaturen fehlen übrigens auch bei der Steuerung der organischen Entwicklung aus dem Keim. Die *morphologische Kargheit* in dieser Hinsicht dürfte kein Zufall sein. Sie verweist darauf, daß das Organische grundsätzlich andere Mittel der rekonstruktiven Steuerung zur Verfügung hat als irgendeine der bisher verwirklichten Maschinen.

Es ist bezeichnend, daß für die bewahrende Funktion des Organischen mit Vorliebe nach *partikular bewahrenden Orten* gesucht wird. Noch heute kommt es vor, daß in Vorlesungen vor Studenten die Schallplatte als Modell für das Gedächtnis genannt wird, obzwar es ganz offensichtlich ist, daß gerade sie nicht als Beispiel dienen kann. Es gibt in der Dynamik der Kolloidchemie des Organischen schlechterdings keinen Ort, der auch nur die relative Formbeständigkeit eines Ortes z. B. auf einem Magnetband gewährleisten könnte.

Die bewahrende Funktion des Organischen kann daher nicht in der Formbeständigkeit von Partikeln, sondern nur in der Systembeständigkeit eines dynamischen, aber dennoch in strengen gegenseitigen Abhängigkeiten verankerten Funktionszusammenhanges zu suchen sein. Der Garant dieser Strenge ist primär nicht die stoffliche Festigkeit, sondern die zusammenfassende Macht des Lebendigen.

Eine der Vorgegebenheiten, die solchen Anforderungen entsprechen, ist die Unverlierbarkeit, die allen Vorgängen in der Natur eigen ist. Sie läßt sich auf den Satz von *Leibniz:* „Es gibt keine zwei ununterscheidbaren Einzeldinge" zurückführen. Da jeder Werdegang einzigartig, also unvertauschbar ist, garantieren solche unvertauschbaren Herkunftsbeziehungen die immaterielle Unverlierbarkeit auch im stofflich stark veränderten Geschehen. Die Unverlierbarkeit ist allerdings nicht das Gedächtnis schlechthin, sondern nur seine unzerstörbare Vorgegebenheit. Sie wird nicht durch Veränderungen aufgehoben, sondern könnte *nur* — wäre das möglich — durch die Schaffung *absoluter* Gleichheiten (d. h. also Vertauschbarkeiten) ausgelöscht werden.

Die prinzipiellen Abhängigkeiten der nicht formstarren Unverlierbarkeit lassen sich zutreffend an den Umständen der Spurenerhaltung und Spurenverwischung und der Rekonstruktion eines Ereignisses anhand von Spuren erläutern.

Da jedes Verbrechen einzigartig ist, bleibt auch das Verfahren der Spurenverwischung ein unvertauschbar herkunftsbezogenes. Gleichwohl wird das Verbrechen durch geschickte Spurenverwischung praktisch unerkennbar. Erst die Geschicklichkeit eines befähigten Kriminalisten weiß die einzigartigen Herkunftsbeziehungen aufzufinden und vermag im Sinne ihrer wegweisenden Bezüge eine Rekonstruktion des Verbrechens vorzunehmen.

Es wäre unrealistisch, wollte der Kriminalist die Einzigartigkeit, die hier die bewahrende Funktion vertritt, nur in bestimmt umgrenzten Partikeln suchen. Er sucht vielmehr charakteristische Spuren in der von dem Verbrechen mitbeeinflußten Umgebung. Seine Spurensuche bleibt zwar bereichsbezogen, ist aber nicht im engeren Sinne partikular.

Es ist denkbar, daß das Zentralnervensystem aus einer Gruppe von übermittlungs- und reproduktionsdienlichen Energiesklaven besteht. Diese haben von der biologischen Gesamtorganisation den „Auftrag", insbesondere von außen kommende und lebenswichtige Informationen in ihrer Ganzqualität zunächst so zu fördern, daß ihre charakteristischen „Spuren" nicht sogleich „verwischt" werden. Das geschieht praktisch in der Weise, daß störende Einflüsse von ihnen ferngehalten oder schon im Beginn wieder aufgehoben werden. Das ist insbesondere dann der Fall, wenn wir z. B. einen Gegenstand mit besonderer Aufmerksamkeit betrachten. Es ist fernerhin denkbar, daß mit der Fähigkeit,

Anfangsschritte einer Spurenverwischung im Zentralnervensystem „wieder aufzuheben", zugleich der Anfang zur Befähigung auch für umfangreichere Rekonstruktionen gemacht ist. Hierbei ist allerdings der spurensuchende „Kriminalist" — im Gegensatz zu unserem Beispiel — zugleich der Spurenempfänger. Auch hier dürften die reproduktionsdienlichen Energiesklaven aus der Tatsache Nutzen ziehen, unmittelbar mit den biochemischen Vorgängen „handgemein" zu sein.

6. Geltungsermächtigung und Geltungsbehinderung

Viele jener lebenswichtigen, meist reflexartigen Reaktionen, die außerhalb der Bühne des Bewußtseins vollzogen werden, sind zwar mit allen sie tragenden Energien stark wirksam, doch fehlt ihnen die *Geltung* im Bewußtseinsfeld. Die erregungsdienlichen Energien der Nervenvorgänge müssen unterschiedlicher Natur sein, je nachdem, ob sie Vorgänge im oder außerhalb des Bewußtseins konstituieren. Wenn wir uns etwa ein Ereignis, etwa den Beginn einer früheren Urlaubsreise, wieder ins Gedächtnis rufen wollen, so handelt es sich dabei nicht nur um eine Wiedererregung von entsprechenden spezifischen Energievorgängen, wie sie im Prinzip auch ein unbewußter Reproduktionsautomat zustande bringen könnte, sondern die Wiedererweckung von früher Erlebtem bedeutet, daß dieses vor dem Forum des Ichs zur Geltung gelangt. Vom Ich können dabei regelrecht Anstrengungen ausgehen, bestimmte Richtungen unseres Gedächtnisschatzes „anzupeilen", mögliche Bereiche zu begünstigen und störende zu benachteiligen. Es ist sehr wahrscheinlich, daß es sich dabei bestimmter reproduktionsdienlicher Energiebereitschaften bedient. Dabei werden ideelle Positionen, Verwandtschaften und Differenzierungen angesprochen, die sich nicht in räumlich getrennten Depots unterbringen lassen. Die Untersuchungen von A. *Wenzl* über die Erinnerungs*arbeit* z. B. bei erschwerter Wortfindung (Arch. ges. Psychol. *85* und *97)* geben hierzu instruktive Hinweise.

Die Erinnerung an ein früheres Erlebnis erzielt niemals eine vollkommene, sondern immer eine abgekürzte Reproduktion. Unser Erinnerungsvermögen verfährt dabei wie ein Filmautor, der etwa die Biographie *Rembrandts* innerhalb von etwa zwei Stunden so darstellt, als ob sie wirklich das ganze Leben der betreffenden Persönlichkeit wiedergäbe. Unsere Erinnerung versteht es, die Zeit (und auch den Raum) zu überbrücken, ohne im krassen Sinne Lücken zu reißen. Das Weggelassene ist nicht ganz weggelassen; selbst dann, wenn wir uns an bestimmte Einzelheiten trotz aller Mühe nicht erinnern können, wissen wir oft, daß diese Einzelheiten noch in uns sind. Nicht selten wird das durch unverhofftes Wiederauftauchen sogar bewiesen.

Unser Ich ist nicht nur aktiv, wenn Handlungen eingeleitet werden, sondern schon dann, wenn es gilt, diese oder jene Vorstellung, Erinnerung, Absicht, Denkrichtung zu begünstigen oder zu benachteiligen. Es kann beides, sowohl aktiv wie auch passiv sein. Es kann als Zuschauer das Spiel der Gestalten auf der Bühne seines Bewußtseins betrachten und es sich nahezu autonom entfalten lassen; es kann aber ebensosehr mitspielen, im Spiel Licht und Schatten verteilen, Bedeutsamkeiten eröffnen und setzen und Unpassendes von der Bühne verdrängen.. Alle diese Geltungsermächtigungen und Geltungsvernachlässigungen bedürfen indessen der dienstbaren Energien des Nervensystems, die in ihrer physischen Beschaffenheit nicht bewußt werden.

Unter Geltungsermächtigung wollen wir im Prinzip die Erhebung in das Licht der Bewußtseinsbühne verstehen. Biologisch bedeutsam sind durchaus auch unbewußte Vorgänge wie z. B. die Energievorgänge, die der Übermittlung eines lebenswichtigen Signales dienen. Diesen esbedeutsamen Abläufen fehlt die ich-bedeutsame Geltung im Bewußtseinsfeld, die u. a. daran erkennbar ist, daß das davon Betroffene zeitweise allein oder mit wenigen überschaubaren Partnern auftritt. Dieses kommt im Bewußtseinsfeld nicht nur besonders zur Geltung, sondern durch diese Geltung auch zu einer Sonderwirkung, die den nur esbedeutsamen Vorgängen versagt bleibt.

Zweifellos ist die Geltungsermächtigung, die z. B. eine Erinnerung in uns wieder lebendig werden läßt, zunächst eine rein subjektive Angelegenheit. Doch ist nachweisbar, daß solche Geltungsermächtigungen bei allen gesunden Menschen vorkommen. Wie sehr sich die Introspektion über das genaue Wie z. B. der Erinnerungen auch täuschen mag, darüber, daß Menschen in und von Erinnerungen leben, gibt es keinen Zweifel. Es ist ferner sehr wahrscheinlich, daß spezifische Energievorgänge in uns erforderlich sind, um solche Geltungsermächtigungen zu gewährleisten. Wenn die heutige Physik einschließlich der Elektronik noch keine prinzipielle Erklärungsbasis fand, um subjektive Vorkommnisse dieser Art zu erläutern, so kann sie deswegen Subjektivität nicht als Außernatürliches deklarieren. Subjektives ist etwas ganz und gar Natürliches. Möglicherweise fehlt aber dem an Außenansichten orientieren Verfahren der *üblichen* Physik der wissenschaftliche Zugang zum Introspektiven und seinen energetischen Voraussetzungen.

Nach den bisher vorliegenden wissenschaftlichen Erfahrungen ist das Vorkommen von *bewußtseinsdienlichen* Energien, die also spezifisch für die Geltungsermächtigung und Geltungsbehinderung im Bewußtseinsfeld verantwortlich sind, kaum zu bezweifeln. Zumindest beweist die Ausschaltung dieser Dienstbarkeit z. B. durch Einwirkung von Betäubungsmitteln auf das Nervensystem die Abhängigkeit des Bewußtseins von den physischen Gegebenheiten einer gesunden Nervenfunktion. Die Gesundheit der bewußtseinsdienlichen Energien wiederum setzt ein lebendes Nervensystem voraus. Tote haben kein Bewußtsein.

7. Die Ganzheitlichkeit der Geltungsermächtigung im Bewußtsein

Wohl kaum ein Psychologe, der die Realität des Bewußtseins wirklich akzeptiert, leugnet die Tatsache seiner Ganzheitlichkeit. Gleichwohl soll nicht verkannt werden, daß die Qualität der Ganzheitlichkeit z. B. des Wahrnehmungsfeldes, der Gestalten und der Organe eine sehr unterschiedliche ist.

Mit Recht verweist *Ey* darauf, daß der Gestaltcharakter im Sinne der Gestaltpsychologie, den er voll und ganz akzeptiert, nicht ausreiche, um z. B. das Wesen des Präsenzfeldes zu erläutern (88 ff.; 1967). Insbesondere befürchtet er den Verfall der Gestalttheorie an mechanische Modelle.

„Verfällt die seelische Struktur einer Raum-Physik, so resultiert ein Arrangement geschichtsloser Bereiche ohne Tiefendimension, das mit der Gestaltung des Bewußtseins als Erlebnisfeld unvereinbar ist" *(Ey,* Henri: 89; 1967).

Den Experimentatoren der Gestaltpsychologie muß jedoch zugestanden werden, daß es schlechterdings unmöglich ist, durch wiederholbare Experimente alle Tiefen des seelischen Seins auszuloten. Mir scheinen die experimentellen Beiträge der Ganzheitsbiologie und der Ganzheitspsychologie sehr geeignet zu sein, um zunächst überhaupt die Faktizität der Ganzheitlichkeit in der belebten Natur eindringlich deutlich zu machen. Die Frage, wie in den raumgebundenen Vorgängen des Zentralnervensystemes weniger raumgebundene Naturvorkommnisse möglich sind, kann nicht einfach abgewiesen werden.

In diesem Zusammenhang sei noch einmal in Erinnerung gebracht, in welcher Hinsicht eine relative Raumunabhängigkeit in der Natur vorkommt:

Im *Unbelebten* sind zwar die manifesten Körper voll raumabhängig. Die Unverlierbarkeit der Herkunftsbeziehungen in Veränderungsvorgängen dagegen ist nach Maßgabe ihrer Latenz vermindert raumabhängig. Sie ist raumübergreifend.

Im *Organischen* sind die jeweils voll ausgebildeten Organe voll raumabhängig. Doch die Direktiven zur Entwicklung der Organe sind ganzdurchwirkt raumübergreifend. Beispiel: Die Gestaltbildungsdirektiven des Schmetterlings sind (unsichtbar) schon in der Raupengestalt „enthalten".

Im *Bewußten* gibt es die raumübergreifende Ermächtigung von Ideen. Diese Geltungsermächtigung ist ganzheitlicher Natur in einem ganzheitsaffinen Wirkungsfeld eines bedeutsamkeitsempfindlichen Ichs.

Das alles ist vom raumgebundenen, lebenden Leib und seinen physischen Bedingungen durchaus abhängig. Doch sind die Raumverhältnisse des lebenden Leibes nicht einfach den Kammern und Speichern der toten Materie in entsprechenden Maschinen gleichwertig. Vielmehr ist der lebende Leib bereits das Ergebnis raum- und zeitüberbrückender Direktiven (z. B. seines Erbgutes). Er vermag seine Position zu wahren, u. a. durch raumüberbrückende Vorformen der Macht. Es ist sehr wahrscheinlich, daß sich auf dieser Basis eine Befähigung zur Geltungsermächtigung eher entwickeln konnte als aus noch so komplizierten Maschinen, denen es an jedem Eigeninteresse mangelt, demgegenüber etwas überhaupt erst zur Geltung zu kommen vermag.

8. Der organisatorische Ort spezialisierter Hirnfunktionen

Ausfallerscheinungen, wie sie insbesondere nach operativen oder experimentellen Entfernungen bestimmter Hirnbereiche auftreten, verweisen sehr eindrucksvoll auf die Lokalisation von Hirnvorgängen. An der Tatsache der Möglichkeit der Lokalisation im Gehirn zweifelt kaum einer der zuständigen Experten. (Vgl. dazu: *Schaltenbrand* [533; 1950], *Bay*, E. [262; 1956], *Ey*, H. [122; 1967], u. a.) Der bis heute andauernde wissenschaftliche Streit um die Lokalisation im Gehirn geht weniger um das „Daß" als vielmehr um das „Wie" und um die Eindeutigkeit und Unersetzbarkeit der festgestellten „Hirnzentren". Gegen eine zu enge und bestimmte räumliche Umgrenzung solcher Zentren haben sich viele Autoren ausgesprochen, so neben den oben erwähnten u. a. *Conrad*, K. (553; 1950), *Bumke*, O. (256; 1942); vgl. dazu die Zitate bei *Meinecke*, G. (84; 1966).

8. Der organisatorische Ort spezialisierter Hirnfunktionen

Aus der Sicht der Introspektion kann eine Unterbringung von Bewußtseinsinhalten in bestimmten „Räumen", die als Kammern oder Speicher gegeneinander abgegrenzt sind, ganz sicher nicht stattfinden. Solche Eingrenzungen würden die allseits gegebene Zugänglichkeit z. B. der Gedächtnisinhalte zu sehr behindern. Denn unsere Erinnerungen etwa an eine Blume, an ein Haus und an einen Tisch sind zwar in ganz verschiedenen geistigen Orten beheimatet, doch eben in *geistigen* Umgrenzungen. Diese behindern meine Vorstellung nicht, an ein Haus zu denken, in dem sich ein bestimmter Tisch und auf dem sich eine Blume befindet. Die verschiedenen Gedächtnisinhalte sind durch ihre ideelle Unterschiedlichkeit ausreichend voneinander abgegrenzt und doch nur soweit abgegrenzt, daß sie Vorstellungen ermöglichen, in denen diese Gedächtnisinhalte ineinander verflochten sind. Die geistigen Orte müssen also nicht unbedingt mit bestimmten Räumen des Zentralnervensystemes übereinstimmen.

Sie sind *Positionen* ähnlich wie die Positionen im Stellenplan z. B. eines Großbetriebes. Da gibt es den Direktor, die Sekretärin, den Kassierer, den Einkäufer usw. Diese *können*, müssen sich aber nicht ständig in bestimmten Räumen aufhalten. Ihre Position ist nicht durch diese Räume, sondern durch ihre *Aufgabe*, durch ihren organisatorischen Ort im Stellenplan des Betriebes bestimmt. Zwar muß sich der Kassierer meistens im Kassenraum aufhalten, um Gelder zu kassieren; aber er bleibt auch dann Kassierer, wenn er sich vorübergehend im Zimmer des Direktors aufhält.

Die Unterschiedlichkeit der organisatorischen Orte ist eine Unterschiedlichkeit von (geistigen) Positionen, die allerdings u. a. von den Energiesklaven der Hirntätigkeit respektiert wird. Die organisatorischen Orte sind keine frei im Raum schwebenden reinen „Geistigkeiten", und sie sind auch *nicht gänzlich* raumunabhängig, sie sind nur nicht gefesselt an Räume. Diese relative Raumabhängigkeit dürfte sich im allgemeinen dann verfestigen, wenn die Vorgänge mehr und mehr reflexartig werden. Reflexe *können* an ganz bestimmte Nervenbahnen gebunden sein; bei diesen fällt ihr organisatorischer Ort mit der geometrischen Lokalisation zusammen. Ihre raumgebundene Funktion gestattet einen beinahe maschinenartigen Systemzusammenhang, in dem die Reizqualität Signalcharakter annehmen darf. Doch das betrifft in der Regel Erregungen, die außerhalb des Sichgewahrseins verlaufen und von der Introspektion nicht erfaßt werden.

H. Exemplarische Bewußtseinsinhalte

1. Das Sichinformieren

a) *Erfahrung oder Information?*

Die Philosophie der vortechnischen Zeit kennt den heute vielzitierten Begriff der Information so gut wie überhaupt nicht. Das sorgfältige Bemühen *Kants* um die Frage, wie Erfahrung möglich sei, scheint die Informationstheoretiker kaum zu interessieren. Information ist eine Gegebenheit. Es sei legitim, so argumentiert man, nur die mathematisierbaren oder zumindest technisierbaren Formen der Information zu berücksichtigen, da alles andere in die Gefahr der Vieldeutigkeit und Unkontrollierbarkeit gerate. Demgegenüber zeigt aber die sehr geläufige praktische Anwendung des Begriffes der Information eine derartige Vieldeutigkeit, daß der Verdacht aufkommen muß, dieser Begriff werde nicht seiner etwaigen Präzision, sondern seiner Geschmeidigkeit wegen verwendet, die vieles prinzipiell Unerklärte einfach verdeckt. Diese problemverdeckende Eigenschaft kommt vielen Begriffen zu, die, aus der Nachrichtentechnik herkommend, auf Organisches übertragen werden. Bezeichnend dafür ist die Anwendung des Informationsbegriffes auf genetische Vorgänge. Die genetische Information unterscheidet sich von der der Wahrnehmungsvorgänge aber grundsätzlich darin, daß sie — soweit sie den Leib betrifft — *niemals* bewußt wird. Das gilt auch für die Informationen der Maschinen. Gleichsinnig an allen diesen „Informationen" ist lediglich die Tatsache, daß etwas von Träger zu Träger übermittelt wird. Solche Übermittlungsphänomene sind schon im Unbelebten nachweisbar, und es ist selbstverständlich von Bedeutung, daß es in der Natur grundsätzlich die Übermittlung von Eigenheiten gibt. Im anderen Zusammenhange habe ich darauf hingewiesen, daß sich bestimmte Naturgesetze von unbeugsamer Konsequenz an solchen Übermittlungsphänomenen auswirken: Eigenheiten sind von Trägern zu Trägern übertragbar; doch keine Eigenheit kann ohne Träger existieren.

Ob man aber alle diese Übermittlungsphänomene mit dem gleichen Begriff der Information benennen darf, das ist zu bezweifeln, weil dieser Begriff schon seine vorwissenschaftlichen Festlegungen erfahren hat, die sich durch definitive Setzungen nicht auslöschen lassen. Darüber hinaus verfährt die wissenschaftliche Anwendung selbst generalisierend. Irgendwie „Informatives" ist allerdings in verschiedenen Übermittlungsvorgängen enthalten.

Die Ausweitung des Informationsbegriffes

Anzeichen:	Signal, Signum, „Reiz", „Bildpunkt"
Ausdruck:	Symbol, Symptom, Äußerung, Gebaren, Verhalten
Übermittlung:	Nachricht, Mitteilung, Darstellung, Mitschwingung; Rapport, Reportage, Fund, Manifestation
Ermittlung:	Auskunft, Erfahrung, Feststellung; Beleg, Nachweis, Zeugnis
Unterweisung:	Aufklärung, Belehrung, Instruktion, Erläuterung
Anweisung:	Programm, Richtlinie, Direktive, Eingriff, „Befehl"; Steuerung, Gestaltung, „Ideologien", „Manipulationen"

Besonders hervorgehoben sei der unterschiedliche Informationscharakter eines Symbols gegenüber einem Zeichen. Darauf wird im Zusammenhang mit Erörterungen über das Traumbewußtsein noch einzugehen sein. Hier sei auf den Kongreßvortrag von *Wellek* verwiesen, der Probleme der Semantik und Symbolik behandelt:

„Symbol ist nicht bloß äußeres Zeichen, schon gar nicht einfaches *Abbild* des Gegenstandes, aber auch keine bloße Abstraktion oder willkürliche *Bezeichnung,* daher auch keine Allegorie, Parabel oder sonstige (rhetorische) Figur ... Symbol ist selbst Schlüssel zur Bedeutung ... im Symbol ... fließt in repräsentativer Gestalt eine oft schwer ausschöpfbare Vielfalt von rational nicht auflösbaren Bedeutungen und tieferen Zusammenhängen relativ anschaulich in eins zusammen" *(Wellek,* Albert: 623; 1967).

Die Tatsache, daß allen Übermittlungsvorgängen in der Natur etwas „Informatives" zukommt, darf insbesondere nicht darüber hinwegtäuschen, daß Nachrichten erst dann zu wirklichen Nachrichten werden, wenn sie in besonderem Sinne „ankommen", d. h. *erfahren* werden. Leblose Dinge *vermitteln,* aber sie erfahren keine Nachrichten. Zeitungen, Lexika und Computer informieren uns, aber sie können nicht *sich* informieren. Dem entspricht, was *Kant* anführt, wenn er die Empfindung als *Affektion des Subjektes (Kant,* Werke, Bd. 4, S. 230) bezeichnet. Auch die Erfahrung im gefühlneutralen, sachlichen Bereich setzt *Affizierbarkeit* voraus. Zeitungen und Computer sind prinzipiell nicht affizierbar im hier gemeinten Sinne.

H. Exemplarische Bewußtseinsinhalte

b) Das Sichorientieren in der Außenwelt

Biologisch betrachtet ist die Fähigkeit, sich in der Außenwelt orientieren zu können, eine Errungenschaft des Lebens, die für die Selbsterhaltung und auch für die Fortpflanzung nachweislich von großer Bedeutung ist. Beute, Feind und Geschlechtspartner befinden sich also in biologisch bedeutsamen Orten der Umwelt, und es ist begreiflich, daß schon die frühe Lebensentwicklung an der Ortung dieser Bedeutsamkeiten erheblich interessiert ist. Faktisch empfängt unser Gehirn zwar nur die Nachrichten von Außenweltereignissen und ihr Herkommen; doch erleben wir diese nicht etwa als eigentümliches und bedeutsames „Gereiztsein" oder gar „Kribbeln" in unseren Sinnesnerven, sondern als Außenweltvorkommnisse. Wir erleben im optischen Bereich die Lichtstrahlen nicht als kleinste „Bälle", die uns zugeworfen werden, wir beachten die Wellen des Lichtes überhaupt nicht, sondern den *Gegenstand*, von dem sie reflektiert werden.

Auf eine einfache Formel gebracht, geht es dabei um zwei Grundtatsachen:
1. Das Wahrgenommene befindet sich „draußen", außerhalb der eigentlichen Wahrnehmungsorganisation. Ich sehe die Rose draußen in der Landschaft meines Gartens.
2. Das Wahrnehmen geschieht in mir in einem räumlich sehr viel kleineren Bereich, ohne daß es zu räumlichen Bedrängungen kommt.

Die vielzitierte „Projektionstheorie" kann diesen Vorgang nur sehr bedingt erläutern. Gewiß sind wir Erwachsenen *erfahrene* Seher und Hörer; wir nehmen niemals völlig passiv wahr, sondern mit unserem Erfahrungsschatz, ja sogar indirekt auch mit dem Erfahrungsschatz unserer ganzen Stammesgeschichte, wobei es nicht erforderlich ist, daß alle Erfahrungen vollständig präsent sind. Das Sich-in-der-Welt-Befinden ist eine Urqualifikation des Daseins überhaupt. *Heidegger*, M. (36; 1949), versteht Welt als das, „worin" sich der Mensch in seinem Dasein schon immer befindet. Mag *Heidegger* selbst damit wohl kaum die spezielle Frage der Wahrnehmung der Außenwelt ansprechen, so bleibt aber das Sich-in-der-Welt-Befinden eine durchaus wesentliche Realität. Dabei wäre noch hinzuzufügen, daß wir erst durch unser Bewußtsein von diesem Sichbefinden etwas wissen.

Die richtige Ortung des Feindes und der Beute usw. gehört zu den bedeutsamsten existentiellen Urinteressen eines Lebewesens. Es ist daher begreiflich, daß die gesunde Funktion der Sinnes- und Nervenorgane darauf eingestellt ist, die Bedeutsamkeit der richtigen Wahrnehmung zu fördern. Die Geltungsermächtigung der Lebensorganisation bezieht sich daher verständlicherweise auf das Wie und Wo der Außenweltereignisse und weniger auf die Nachrichtenträger und -mittler, die lediglich den (minderen) Rang von dienstbaren Energiesklaven einnehmen. Dementsprechend kommt schon aus solchen Gründen das „Draußen" mehr zur *Geltung* als die Funktion der Energievorgänge in unseren Nerven. Es ist das zugleich ein Beispiel für den ganzheitlichen Übergriff der Lebensorganisation, wie er speziell in der Bewußtseinsorganisation ideelle Existenzformen ermächtigt, indem er ihre Geltung bevorzugt.

c) *Das Realitätsinteresse im Bereiche der Wahrnehmung*

Schon die apparative Funktion unserer Sinnesorgane ist darauf eingestellt, möglichst wirklichkeitsentsprechende „Bilder" von der Außenwelt zu vermitteln. Die *Gesundheit* unserer Sinnesorgane wird von den Ärzten geradezu daran erkannt, ob sie die dem Menschen angemessene optimale Genauigkeit des Hörens und Sehens ermöglichen. Mag diese Genauigkeit den Ansprüchen des Technikers in unserer Zeit auch nicht entsprechen, so ermöglicht sie aber doch eine Umweltorientierung, die es der menschlichen Lebensorganisation immerhin gestattete, sich die heutige Welt der technischen Präzisionseinrichtungen zu schaffen. Zudem verweisen auch die technischen Seh- und Hörgeräte auf das menschliche Interesse an der Realität im Bereiche der Wahrnehmung. Alle noch so optimal ausgestatteten optischen, akustischen und elektronischen Geräte sind unserer Wahrnehmungsorganisation aber darin benachteiligt, daß sie nicht wie diese ein *eigenes* Realitätsinteresse aufzubringen vermögen. Alle Informationsmaschinen dienen ausschließlich unseren menschlichen Interessen. Eigeninteressierte Maschinen gibt es bis heute nicht.

Da Maschinen keine existenzfähigen Wesen sind, fehlt ihnen der dementsprechende besondere Bezug zur Außenwelt. Da Maschinen keine Freunde und Feinde haben können, fehlt ihnen schon aus diesem Grunde jede eigene „Stellungnahme" zu den Informationen, die sie für uns sammeln. Sie besitzen auch kein eigenes Interesse an dem Wahr- oder Unwahrsein der Nachrichten, die sie vermitteln. Die noch so geschäftige Sammlung, Sonderung und Kombination von Daten und Abbildungen der Wirklichkeit verschafft ihnen selbst *nicht die geringste eigene Erkenntnis* von dieser Wirklichkeit, u. a. weil sie überhaupt nicht wirklichkeitsinteressiert sind.

Solange wir die eigene Wahrnehmung im Prinzip wie den Datenempfang bei Informationsmaschinen verstehen wollen, muß es rätselhaft erscheinen, wieso wir als reine Bildempfänger überhaupt zwischen Bildern und Wirklichkeit zu unterscheiden vermögen. Faktisch sind auch wir partiell nur Nachrichtenempfänger, und die Außenwelterkennung geschieht *in* uns anhand von Nachrichten, von optischen, akustischen und taktischen „Bildern", die wir empfangen. Der Urwaldmensch wird zunächst von dem *Bild* des Löwen bedroht, wenn ihm dieser begegnet; wir Zivilisationsmenschen werden von dem Bild des heranfahrenden Autos bedroht, das uns überfahren könnte. Doch wird der Urwaldmensch von einem *wirklichen* Löwen gefressen und wir dementsprechend von einem wirklichen Auto überfahren, wenn wir ihm nicht rechtzeitig auszuweichen vermögen. Wenigstens also diese existentiell drohende Wirklichkeit steht also hinter den Bildern, sofern sie von *Lebewesen* empfangen werden. Ein Auto kann zwar auch eine Informationsmaschine überfahren und sie zerstören, aber ihre Existenz bedrohen kann es nicht.

Letztlich wird also der Feind von lebenden und bewußtseinsfähigen Wesen als *realer* Feind und nicht als sein bloßes Abbild erlebt. Dem widerspricht die Tatsache nicht, daß z. B. Tiere schon vor Attrappen ihrer Todfeinde fliehen; denn assoziativ sind diese Bilder mit sehr realen Erfahrungen und Urerfahrungen gekoppelt. Der Feind geht uns an und geht uns etwas an.

Dementsprechend geht uns die Umwelt überhaupt etwas an. Wir sind an ihr interessiert; wir sind auch dann an ihr interessiert, wenn es sich nicht um so massive Bedrohungen und Nützlichkeiten handelt wie im Falle der Ortung des Feindes und der Beute. Wir Menschen sind sogar rein wissenschaftlich an unserer Umwelt interessiert, auch dann, wenn diese uns weder Schaden noch Nutzen bringt; interessiert sind wir immer. Es sei an den großen Bereich der zweckfreien Interessen erinnert — an das Schöne, das Edle, das Wahre, das Erhabene usw. — dem wir uns in Aufmerksamkeit und Achtung zuwenden.

Die aus der Umwelt herkommenden Daseinsbedrohungen sollen hier nur deshalb als Beispiele bevorzugt werden, weil sie eindringlich darauf hinweisen, daß wir schon aus solchen sehr ursprünglichen Motiven ein eigenes Interesse an der Wahrnehmung aufbringen. Es versteht sich wohl von selbst, daß in einer interessebefähigten Wahrnehmungsorganisation deren apparative Einrichtungen auch in rein technischer Hinsicht *anders* beschaffen sein müssen als die Einrichtungen der Informationsmaschinen, die kein eigenes Wahrnehmungsinteresse besitzen. Die außerhalb der Leibesorganisation des Menschen informationsdienlichen Maschinen haben zumindest einen anderen technischen Zugang zu den menschlichen Interessen als die seiner Leibesorganisation zugehörigen „Apparate" der Wahrnehmung.

d) Die Mitbestimmung der Wirklichkeit

Die Vorrangstellung des Ichs als „Macht- und Liebhaber" und als Programmierer in unserer Zeit läßt dieses Ich, das die neueren Maschinentheorien gern ignorieren möchten, als „Maß aller Dinge" erscheinen. Es versteht sich aber gerade in unserer Zeit, daß dem Ich u. a. von der Wirklichkeit her erhebliche Beschränkungen auferlegt sind. Gleichwohl sind die Auffassungen von der Projektionsaktivität des Ichs noch nicht ausreichend geklärt.

„Würfe man die ... entscheidende Frage auf: was *sind* eigentlich die ... außerweltlichen Denkgegenstände, die Dinge, so offenbare zusamt ihrem Wesen auch gleich ihre Abkunft und Willensverwandtschaft die schlagwortartig zugeschärfte Antwort: *Dinge sind in die Welt projizierte Iche*" (Klages, L.: 164; 1928).

Auch im Konzept der Philosophie *Kants* spielt die Auffassung, daß der Mensch das Maß aller Wirklichkeit sei (vgl. *Grabeis*, F. W.: 95, 96, 106, 121, 125; 1924) eine dominierende Rolle. Die kopernikanische Wende, die *Kant* einleitete, läßt sich etwa in dem Satz zusammenfassen: Es ist der menschliche Verstand, der das Weltbild macht, nicht umgekehrt.

„Weil ... primäre Gegebenheiten nur dadurch als Natur in Erscheinung treten können, daß sie in die Form des Gesetzes eingeordnet werden und für diese Einordnung eben nur Denkgesetze real gelten, die Naturgesetze nur den konkreten Anwendungsfall der Denkgesetze darstellen, kann mit Recht gesagt werden, daß der *Verstand als Gesetzgeber der Natur* verfährt" (*Grabeis*, F. W.: 131; 1924).

Auch Physiker unserer Zeit, die der Welt der leibhaftigen Dinge, den Körpern, noch immer besonders zugewandt sind, sprechen sich im Prinzip ähnlich aus. Friedrich *Seifert* (258; 1962) zitiert anläßlich einer Diskussion um die große Bedeutung des *spielenden* Umganges mit der Wirklichkeit den Physiker W. *Westphal*:

Sogar die exakte Wissenschaft beginnt sich über die Bedeutung von Bild und ‚spielender' Erfahrung klar zu werden. Der Physiker W. *Westphal* schreibt:

"Jede große aus der experimentellen Erfahrung abgeleitete Erkenntnis ist ... das Ergebnis des Spiels der Phantasie des Forschers. Sie kann nur spielen, wenn der Forscher vor seinem geistigen Auge ein Bild dessen sieht, mit dem er sich beschäftigt. Früher glaubte man, man müsse ein ‚richtiges' Bild sehen, etwa ein ungeheuer vergrößertes, aber sonst der Wirklichkeit voll entsprechendes Bild einer Lichtwelle oder eines Atoms. Heute wissen wir, daß diese Bilder zwar immer unentbehrlich sein werden, daß es sich aber immer nur um Phantasiebilder handeln kann; denn die Lichtwellen, die Atome, sind nicht mechanisch anschaulich. Damit aber die Phantasie spielen kann, bedürfen wir eines anschaulichen *Modells* des Lichtes oder der Atome" (zit. nach *Seifert*, Friedrich: 258; 1962).

"Es geschah das Verblüffende, daß die Wissenschaft ... der Physik schließlich gezwungen war, am radikalsten die Substanzhaftigkeit der Dinge verloren zu geben ..."

"Was uns die Wissenschaft über die Materie sagt ist also dieses: die Materie ist nicht da, wo die sinnliche Wirklichkeit ist, sondern da, wo das konstruktive Denken, der Geist der Mathematik herrscht" *(Burkhardt*, Hans: 24; 1954).

Zu den früheren Schwierigkeiten des Wahrnehmens und Erkennens, die zu einem Teil in den Unzulänglichkeiten unserer Sinnesorgane begründet waren, kommen heute die Verfälschungsmöglichkeiten hinzu, die sich aus der Verwendung von Werkzeugen und Modellen ergeben, die bei aller Exaktheit nur mittelbare Erkenntnisse der Wirklichkeit ermöglichen.

Zweifellos war die *Überwindung des naiven Realismus,* die sich in allen diesen Zeugnissen widerspiegelt, eine große erkenntniskritische Leistung. Doch würde sich diese in ihr Gegenteil verwandeln, wenn die Tatsache der Mitsprache der Wirklichkeit im Wahrnehmungs- und Erkenntnisvorgang unterschätzt würde. Kommt die Wirklichkeit auf dem Wege der Nachrichten, die wir von ihr empfangen, auch nur teilweise und in der Sprache der Übersetzer, also des Ichs und seiner dienstbaren Sklaven, zur Mitwirkung, so wirkt sie indessen tatsächlich mit, sogar dann, wenn sie selbst nicht bewußt wird. Die Frage, wie Objektivität in der Subjektivität unseres Erkennens möglich sein kann, läßt sich allerdings nicht im Sinne des naiven Realismus klären; doch kann man diesen auch nicht etwa seiner angeblichen Naivität wegen aus der wissenschaftlichen Diskussion ausschließen. Gerade in unserer Zeit, in der „Übersetzungen" so häufig sind und statistisch im Vordergrund stehen, besteht die Gefahr der Unterschätzung des „Originals", des eigentlichen Urhebers. Sagt man: das Ich ist das Maß aller Dinge, so hat man den Übersetzer zum Herren gemacht, ihm Rechte zugestanden, die ihm nicht in solchem Umfange zustehen. Immerhin sind z. B. die Gesetze der Fallbeschleunigung vom Menschen nur entdeckt und formuliert und eingeordnet, *aber nicht gemacht worden*. Sogar die Kunststoffe, die erstmalig vom Menschen hergestellt wurden, bringen *von sich aus* Stoffe, Energien und Eigenschaften auf, die es dem Menschen erst gestatten, Kunststoffe herzustellen.

e) Kriterien der Wirklichkeitsmitwirkung im Erkennen

Es ist naheliegend, daß das Urinteresse der Lebensorganisation der höheren Tiere und des Menschen an einer realistischen Berücksichtigung der Außenweltereignisse diesen eine entsprechende Mitsprache im Erkennen einräumt. Es gibt viele Hinweise dafür, daß die Wirklichkeit der Außenwelt nicht nur in der Wahrnehmung und im sogenannten „objektiven" Denken, sondern sogar in der Phantasietätigkeit des Menschen *erheblich* mitwirkt. Die Unvollständigkeit unseres Bildes von der Welt ist kein Grund, an der Mitwirkung zumindest solcher Vorkommnisse zu zweifeln, die mit dieser Welt so eng verbunden sind, daß sie ohne diese nicht vorhanden sein würden. Unsere alltäglichen und wissenschaftlichen Anstrengungen, unsere Umwelt immer besser zu ergründen, sprechen dafür, daß das Vorhandensein von Wirklichkeiten vorausgesetzt wird, die solchem Bemühen als Wegweiser dienen. Der Skeptiker mag zwar einwenden, daß die grundsätzliche Unerkennbarkeit des Dinges an sich niemals ganz aufgehoben wird und daß wir deshalb eine Kenntnis von der eigentlichen Wirklichkeit nicht erlangen könnten.

Im allgemeinen darf die Wahrheit in der Vorhandenheit vorausgesetzt werden. Vorsichtiger ausgedrückt heißt das, daß das in der Umwelt Vorhandene, zumindest das Unlebendige *nicht auf vorsätzlichen Betrug aus ist*. Wenn der junge Vogel sich durch die Attrappe seines Todfeindes täuschen läßt, so wirkt hier der Experimentator als sein Betrüger. In der vom Menschen unberührten Natur sind solche Täuschungen seltener, so daß das Bild vom Todfeind ganz richtig auf den wirklichen Todfeind verweist. Hier bestätigt also die Umwelt die relative Richtigkeit der Nachrichten von Todfeinden. Mit höchster statistischer Wahrscheinlichkeit gibt es in der Mitsprache der Wirklichkeit im üblichen Erkennen keine vorsätzliche Betrugsabsicht seitens der Dinge. Auch die Fata Morgana ist als Luftspiegelung wirklich, eine Realität ohne eigene Täuschungsabsicht. Die Täuschung entsteht durch die Unzulänglichkeit unserer Wahrnehmungsorganisation, die die Spiegelung von der Wirklichkeit nicht zu unterscheiden vermag.

Es ist einerseits das Verdienst unseres realitätsinteressierten Ichs und die Folge einer auf Realität ausgerichteten Wahrnehmungsorganisation, wenn der Wirklichkeit eine erhebliche Mitsprache zugestanden wird. Doch ist diese Mitsprache wiederum nicht *nur* unser Verdienst. Vielmehr ist die Umwelt auf unserem Gestirn so beschaffen, daß sie unserer Wirklichkeitserfassung sehr entgegenkommt. Wie bei anderer Gelegenheit bereits erwähnt wurde, wirkt sich dabei der Umstand, daß unsere Erde ein einigermaßen ruhiges Gestirn ist, vorteilhaft für uns aus. Da viele Umweltereignisse sich relativ wenig ändern — von „Dauer" sind —, bestätigen sie sozusagen unablässig unsere Einstellung zu ihnen. Nach jedem Erwachen finden wir morgens das gleiche Zimmer vor, die gleiche Wohnung, den gleichen Weg in unserem Wohnort usw. usw. Vorkommende Veränderungen lassen uns Zeit, uns auf sie einzustellen. Ihrer relativen Beständigkeit zufolge bestätigt sich unsere Umwelt ununterbrochen; beinahe ohne unser Zutun wirkt sie von sich aus als Verläßlichkeitsfaktor in unserem Erkennen. Würde sich dagegen die Erde ständig abrupt vulkanisch ändern, würde sie sich vor jedem Schritt, den wir tun wollen, in etwas Unvorstellbares verwandeln, so würden wir bei allem Realitätsinteresse an unseren Wahrnehmungen zweifeln und verzweifeln.

Neben dieser Selbstbewährung der Wirklichkeit gibt es zudem die Selbstbegrenzung hinsichtlich etwaiger Täuschungsmöglichkeiten. Die Welt kann sich vermutlich von sich aus nicht in etwas völlig Verlogenes verwandeln. Die Umwandlung der Welt in etwas absolut Weltfremdes ist nach unseren bisherigen Erfahrungen sehr unwahrscheinlich. Zwar läßt sich diese Frage nicht durch allgemeingültige Beweise entscheiden; doch genügt für unsere Erwägungen die Erfahrung, daß selbst die erheblichen Verwandlungen der Umwelt im letzten Jahrhundert nichts absolut Unweltliches hervorbrachten. Sogar im Umgang mit solchen Menschen, die darauf aus sind, uns zu täuschen, läßt sich die Mitwirkung der Wirklichkeit nicht völlig verdrängen. Daher erfordert es im allgemeinen höchste Geschicklichkeit, eine besondere Art von Genialität, um uns so gekonnt zu belügen, daß die Lüge nicht durchschaut wird. Insbesondere gilt das, wenn jemand uns *ständig* belügen will.

Auch die im Erkennen niemals ganz aufhebbare *Irrtumsanfälligkeit* kann die dennoch mitwirkende Wirklichkeit nicht völlig ausschalten. Egozentrische Wünsche und Phantastereien können die Wahrheitssuche zwar erheblich erschweren, dennoch aber die realen Bedingungen unserer Existenz in der Welt nicht gänzlich außer Kurs setzen. Zumindest kommt es zu einer Art Kompromiß, zum Nebeneinanderexistieren von Wahrheit und Lüge, wie das besonders gut im Alltag unserer Zeit studiert werden kann.

Die Mitwirkung der Wirklichkeit kann sogar überaus *aufdringlicher* Natur sein. Zwar ist die vielzitierte Weltoffenheit unseres Ichs nur eine solche auf bestimmten Wegen, eine Sicht durch die sehr engen Fenster der Sinnesorgane und deren wissenschaftliche Erweiterungen; doch genügen diese Zugänge zur Wirklichkeit, um deren Einfluß als fühlbare Gegenmacht zu erleben. Dabei ist keineswegs nur an die Nachrichten drohender Todesgefahren zu denken, sondern an die Umwelt überhaupt, die nicht nur eine Welt um uns herum ist, die uns nichts anginge, sondern immer eine Welt der Auseinandersetzung.

Auch als Zuschauer sind wir beteiligt. So passiv wie ein Bildempfangsgerät *können* wir überhaupt nicht aufnehmen.

f) Typen des Erkennens

Die technische Vollendung der Nachrichtenempfangsgeräte (Tonband, Fernsehen, Funk, Film, elektronische Aufzeichnungen) verführt immer wieder zu unangemessenen Vergleichen. Da unsere Sinnesorgane über zum Teil ähnliche apparative Einrichtungen (Linse, Hörmuschel usw.) verfügen, glaubt man berechtigt zu sein, auch sie als „Nachrichtenempfangsgeräte" aufzufassen. Dabei wird nicht nur das Vorhandensein des Wahrnehmungsinteresses ignoriert, sondern auch z. B. die Tatsache, daß das Wahrnehmen anstrengend sein kann. So fällt es z. B. schwer, verwirrende Umweltereignisse, etwa ein Sprachengewirr oder ein Liniengewirr, deutlich aufzufassen. Eine Filmkamera oder ein Tonband dagegen zeichnen das Sprachen- oder Liniengewirr mit der gleichen Passivität und Bildgüte auf, wie sie ein geordnetes Geschehen abbilden. Bei uns Menschen und wahrscheinlich auch bei höheren Tieren machen sich bereits im Bereich der Wahrnehmungsorganisation spezifische ökonomische Tendenzen bemerkbar, die die Wahrnehmung *erleichtern* sollen. Zwar lassen sich diese erst durch die wahrnehmungsnahe Reproduktion nachweisen, doch ist es offensichtlich, daß es (meist unbewußte) Tendenzen der Wahrnehmungserleichterung schon in der Nähe der „Aufnahmezone" gibt. Viele Ergebnisse der Gestalttheorie betreffen solche Wahrnehmungserleichterungen. Fehlleistungen im Wahrnehmungsbereich, besonders bei Kindern, deuten darauf hin, daß das

Wahrnehmen schwierig ist. Die Kindersprache z. B. erleichtert sich die wahrnehmungsnahe Reproduktion schwieriger Worte und Zeichen durch mancherlei Vereinfachungen, die dem Kinde meistens nicht bewußt sind. Erleichterungen in diesem Sinne sind auch die in der Kindersprache bevorzugten Worte wie: Mama, Papa, Püppi, Pipi, Popo. Hier dient außer der Abkürzung die Wiederholung gleicher Silben als wahrnehmungsnahe Reproduktionserleichterung. Beim direkten Abzeichnen von Figuren und Körpern bevorzugen die Kinder ebenfalls erleichternde Vereinfachungen durch Weglassen schwierigerer Teile, Abrunden von Spitzen und Wiederholung von Gleichheiten (vgl. dazu die Kinderzeichnungen bei Wilhelm *Neuhaus*: 112 ff.; 1962). Daß Nachahmung schwierig ist, hat Wilhelm *Neuhaus* (61; 1962) und daß die Wahrnehmung kein einfaches Hinnehmen und automatenhaftes Abbilden ist, haben u. a. auch William *Stern* (152; 1935) und Philipp *Lersch* (330; 1952) ausdrücklich hervorgehoben.

Bei Versuchen mit Erwachsenen läßt sich die Wahrnehmung dadurch erschweren, daß z. B. eine Figur nur sehr kurze Zeit dargeboten wird. Solche Versuche sind von anderen Autoren *(Wohlfahrt, Sander* usw.) zum Zwecke der Ermittlung der Gestaltgenese unternommen worden. Ich habe mich von diesen Versuchen dazu anregen lassen, während meiner Assistentenzeit im Jahre 1940 am Berliner Psychologischen Institut der Frage typologischer Unterschiede des Erkennens im wahrnehmungserschwerten Feld experimentell nachzugehen. Da das Ergebnis dieser Versuche für die Frage der Anwendung von Maschinenmodellen im ganzheitsbedingten Felde des Bewußtseins beiläufig von Bedeutung ist, sei darüber hier kurz berichtet.

Mit Hilfe eines Projektionsapparates, der mit einem Kompurverschluß versehen war, wurde die nachstehend abgebildete Figur in mehreren Etappen jeweils ¹/₅₀ Sekunde (sozusagen blitzartig) dargeboten:

Absichtlich wurde ein teils unregelmäßiges, teils regelmäßiges Gebilde gewählt. Darin weicht dieser Versuch von den meisten der sonst zur Gestaltgenese unternommenen Versuche ab, die regelmäßige Figuren verwendeten. Die

1. Das Sichinformieren 97

Darbietung unregelmäßiger Figuren stellt ein Erschwernis im oben angeführten Sinne dar.

Neben diesen Versuchen aus dem optischen Bereich wurden außerdem mit einer größeren Zahl von Versuchspersonen Paralleluntersuchungen im Bereiche der Tastwahrnehmungen unternommen, über die hier aber

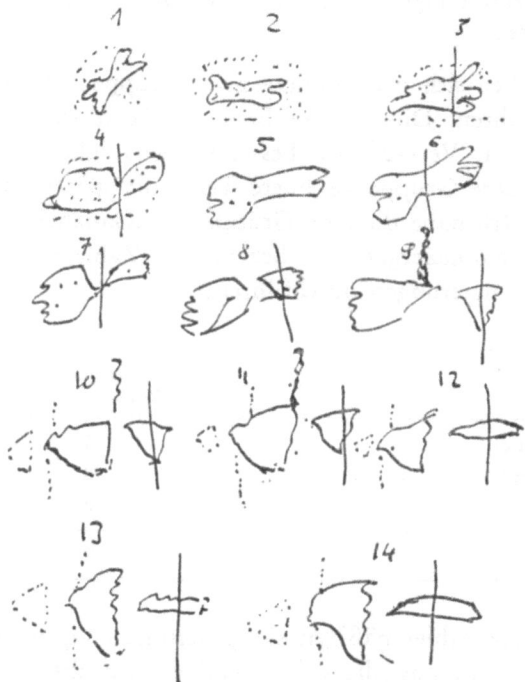

Typisches Beispiel der „*Ganzheitsbetrachter*"

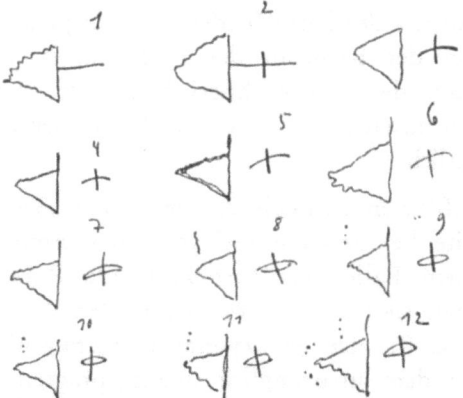

Typisches Beispiel der „*Komplexergänzer*"

7 Meinecke

H. Exemplarische Bewußtseinsinhalte

nur zusammenfassend berichtet werden kann. Die geringe Zahl der Versuchspersonen hat selbstverständlich keine statistische Beweiskraft. Die Versuche sind nur als solche von hinweisender, weniger von beweisender Bedeutung gedacht.

Die Versuchspersonen wurden gebeten, nach jeder der kurzzeitigen Darbietungen die aufgefaßte Figur auf einem Stück Papier so gut wie möglich zeichnerisch abzubilden.

Hierbei ergaben sich insbesondere zwei Gruppen, die deutlich unterschiedlich verfuhren. Die eine zeichnete zunächst ein diffuses Ganzes, das im weiteren Verlauf zu besserer Genauigkeit ausdifferenziert wurde. Die andere Gruppe zeichnete Teile, die später zum Ganzen ergänzt wurden. Ich habe die eine Gruppe als „Ganzheitsbetrachter", die andere als „Komplexergänzer" bezeichnet. Zahlenmäßig ließen sich folgende Differenzierungen durchführen:

	Optische Wahrnehmung	Taktile Wahrnehmung
„Ganzheitsbetrachter"	8	23
„Komplexergänzer"	8	24
Zwischengruppe	2	14
	18	61

Mehr als diese zahlenmäßigen Gruppierungen sagen aber die qualitativen Unterschiede aus, die sich in einigen instruktiven Extremfällen ergaben. Daß es sich hierbei wirklich um spontane Ergebnisse handelt, das Verfahren also nicht mit besonderem Vorsatz gewählt, sondern sich aus dem Naturell der betreffenden Versuchsperson ergab, war dem Versuchsleiter aus der Kenntnis der Personen, ist aber dem Außenstehenden u. a. aus der rein zeichnerischen Ausführung, z. B. aus der oben saftigen und unten mageren Strichführung der nachstehenden Abbildungen, ersichtlich.

Die hier vorgeführten Beispiele demonstrieren „Typen", wie sie auch von anderer Seite bei anderen Gelegenheiten ermittelt wurden. Wir erkennen in einem Falle eine fortschreitende Präzisierung aus dem Ganzen heraus, wie sie insbesondere auch in den Vorgängen organischer Entwicklungen, z. B. der embryonalen Herausdifferenzierung der Organgestalt aus dem ursprünglich unausgeprägten Zustand des befruchteten Eies, vorkommt. Im anderen Falle geschieht die Präzisierung durch sorgfältige mosaikartige Ergänzung gegebener Teilbezirke. Dem entspricht in umgekehrter Reihenfolge, was u. a. *Wellek* im Anschluß an *Ach, Krueger, Sander* u. a. folgendermaßen zusammenfaßt:

„Der eine klebt (kritisch) am Einzelnen, der andere geht (mehr locker und großzügig) aufs Ganze (im Doppelsinne)" *(Wellek,* Albert: 97; 1955).

Auch Unterscheidungen im Sinne der *Völle* und der *Magerkeit,* wie sie Ludwig *Klages* in seiner Charakterologie beachtet, drängen sich hier auf. Wer viel Prüfungsarbeiten zu beurteilen hat, der kennt die Gruppe der *„Wortreichen"* und die der *„Wortkargen",* die *„Epiker"* und die *„Techniker".*

Vergleichen wir beide Abbildungsserien genauer, so fällt uns auf, daß neben den bezeichnenden Unterschieden der „embryonalen Herausdifferenzierung" und der „sorgsamen Komplexergänzung" beiderseits charakteristische *Fehler und Irrtümer* vorkommen:

Der Ganzheitsbetrachter sieht etwas, was es nicht gibt.
 (Vgl. die Zufügungen in 1—8 der oberen Serie.)
Der Komplexergänzer sieht etwas nicht, was es gibt.
 (Vgl. die Weglassungen in 1—8 der unteren Serie.)

In Verbindung mit allgemeineren Erfahrungen an typischen Erscheinungen der Verfahrensweisen der wissenschaftlichen Arbeit läßt sich folgende Übersicht aufstellen, wobei — den seit Ludwig *Klages* in der Charakterologie üblichen Gepflogenheiten entsprechend — sowohl typische Möglichkeiten (+) als auch typische Schwierigkeiten (—) beachtet werden müssen. Es versteht sich dabei wohl von selbst, daß solche Tabellen im Sinne der typologischen Polarität zu verstehen sind, daß zudem jede Persönlichkeit von zahlreichen Wesensstilen durchstimmt ist.

	Ganzheitsbetrachter		*Komplexergänzer*	
+	—		+	—
Vorstellungsgabe	Illusionismus		Genauigkeit	Beziehungslosigkeit
wesensgemäß	verschwommen		sachgemäß	isolierend
gestaltend	hinzudeutend		ergänzend	schablonenhaft
überschauend	überschätzend		kombinierend	addierend
Phantasie	Phantasterei		Berechnung	Verstiegenheit

Bei weiterer genauerer Betrachtung der beiden Abbildungsserien fällt auf, daß beide Versuchspersonen in ziemlich gleicher Zeit (beiderseits bei Figur 12) zu ziemlich gleichwertigen Endresultaten kamen. Das ließ sich übrigens auch bei weiteren Versuchspersonen beider Gruppen feststellen. Dieses Ergebnis soll nicht statistisch bewertet werden. Es ist bezeichnend, daß sich solche Vergleiche überhaupt anstellen lassen.

Es zeigt sich also, daß *beide* Verfahrensweisen zu einem gleichwertigen Enderfolg führen können, wenn bei beiden eine gleichwertige *Verpflichtung an die Aufgabe und an die Tatbestände* gegeben ist. Es mag sein, daß es wissenschaftliche Aufgaben gibt, für die das eine Verfahren besser geeignet ist als das andere. In der Praxis der wissenschaftlichen Arbeit gibt es aber nachweislich für jedes Naturell erhebliche Kompensationsmöglichkeiten. So finden wir Komplexergänzer in organischen Wissenschaftsdisziplinen und Ganzheitsbetrachter in technischen Aufgabenbereichen gleicherweise erfolgreich tätig. Bedenklich ist es aber, bestimmte Sichtweisen einseitig zu fördern, wie das leider in der älteren und neueren Geschichte der Wissenschaften immer wieder versucht wird und leider auch geschieht. Bei einer so tiefen Verankerung bestimmter Verfahrensweisen im Naturell des Erkennenden erscheint es müßig, ihn zum jeweils gegensätzlichen Naturell erziehen zu wollen. Statt dessen sollte nach wie vor die *unbestechliche Vergewisserung* und eine dementsprechende Bindung an die Aufgabe wissenschaftlicher Produktivität für jedes Naturell, das sich im Bereich des Erkennens betätigt, verpflichtend sein.

2. Sich etwas vorstellen können

a) Die reproduktiven Vorstellungen

Maschinen können Muster „wiedererkennen". Das von *Rosenblatt* (385; 1958) konstruierte „Perceptron" kann sogar — wie D. *Langer* (186 f.; 1962) berichtet — verkleinerte, vergrößerte, perspektivisch verzerrte und im Darbietungsfeld unterschiedlich lokalisierte Figuren als gleichsinnige registrieren und es kann schließlich auch Varianten richtig „erkennen", die es vordem nie „gesehen" hat. Im Prinzip können Maschinen Druckbuchstaben und Zahlen „unterscheiden", auch dann, wenn diese nicht streng schablonengerecht gezeichnet sind. Karl *Steinbuch* (273; 1968) berichtet, daß der Karlsruher Ziffernleser 96 % geschriebener Ziffern richtig „erkennen" konnte und daß in einem, spätestens in zwei Jahrzehnten die „Erkennung" auch normaler Handschriften ein technisch beherrschtes Problem sein würde.

Dazu sei bemerkt, daß das umgekehrte Verfahren, nämlich die Verzerrung von Figuren, ohne weiteres technisierbar und programmierbar

2. Sich etwas vorstellen können 101

ist. Die einfachste Methode ist die Verzerrung von Figuren durch Metallspiegel. Durch Krümmung in der Höhenrichtung oder in der Breitenrichtung, durch Schrägstellung, Verkleinerung und Vergrößerung und durch Kombination dieser Möglichkeiten können zahlreiche Verzerrungen technisch erzeugt und programmiert werden. Eleganter lassen sich solche Bildverzerrungen mit Hilfe der Bildröhren vermittels magnetisch ablenkbarer Elektronenstrahlen erzeugen. Wird ein Computer mit den Direktiven aller dieser Zahlen gespeist, so kann mit seiner Hilfe

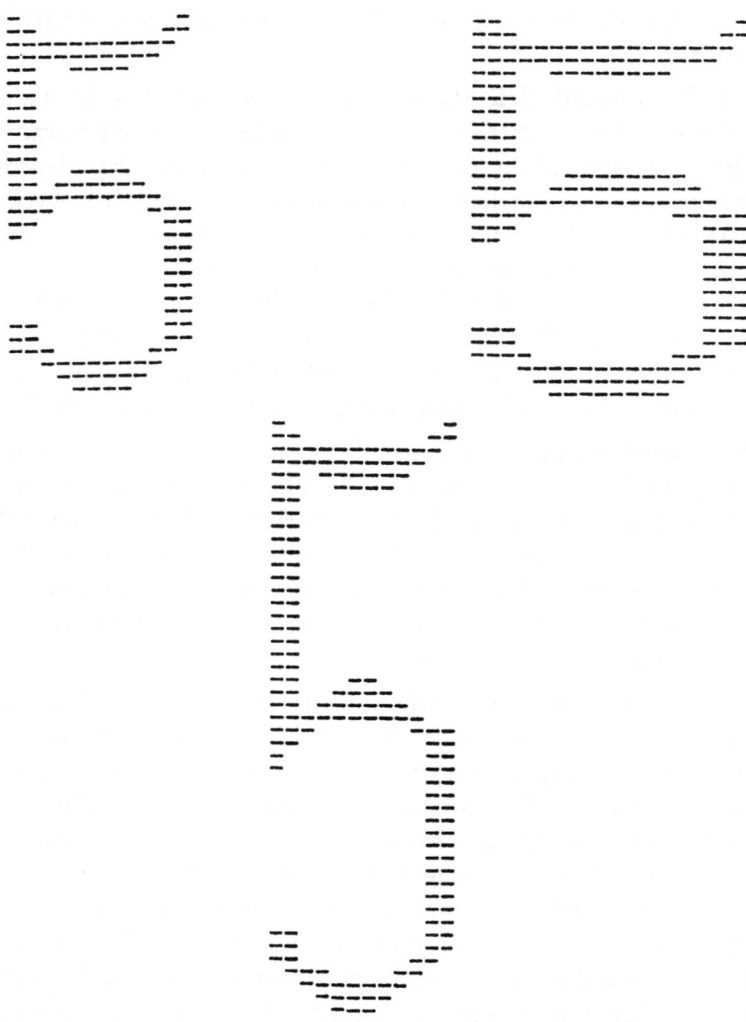

Beispiel technisierbarer und programmierbarer *Bildverzerrungen*

sogar ein relativ „ganzheitliches" Reproduktionsverfahren durchgeführt werden, das Verzerrungen im Sinne der Abbildung und weitere Kombinationsmöglichkeiten zu „identifizieren" vermag.

Die technischen Einzelheiten können hier übergangen werden. Es ist leicht einzusehen, daß selbst bei höchster technischer Vollendung zwar eine Differenzierung, ein technisches „Unterscheidungsvermögen" des Apparates realisierbar ist, dennoch aber kein echtes Sichvorstellen der betreffenden Zeichen zustande kommt. Wie immer derartige bereits erfundene und noch zu erfindende Maschinen auch funktionieren mögen, soweit sie typische Maschinen sind, fehlt ihnen jedes eigene Vorstellungsvermögen.

Es ist bezeichnend, daß Maschinen, die etwa Schriftstücke nach aufgedruckten Ziffern sortieren, sich diese Zeichen gar nicht vorzustellen brauchen, um den Effekt des Sortierens zu erzielen. Der Mensch dagegen muß sie sich vorstellen, um das Sortieren richtig zu bewerkstelligen. Im gleichen Sinne muß ein Mensch *sich* erinnern, wenn er ein früheres Ereignis reproduzieren will. Schallplatten und Tonfilme u. dgl. kennen diese Fähigkeit des Sicherinnerns überhaupt nicht und sie bedürfen solcher Fähigkeit auch nicht, um etwas zu „reproduzieren". Ein unbewußtes Wiederauftauchen von Bildern in uns wiederum schließt nicht aus, daß das reguläre Sicherinnern des Bewußtseins bedarf.

Gewiß wird es mit einigem erfinderischen und technischen Aufwand gelingen, Maschinen zu bauen, die auch Handschriften „lesen" können. Damit wird jedoch bestenfalls der äußerlichste Effekt ganzheitlichen „Wiedererkennens" simuliert. Als Modell des menschlichen Wiedererkennens sind solche Maschinen ungeeignet, weil sie technisch (!) nicht so beschaffen sind, daß sie unmittelbaren, inneren Anschluß an eine Bewußtseinslage finden könnten.

Die genauere Analyse des Sicherinnerns verweist auf aktive Tendenzen, die als Provokationen des Ichs und der von diesem vertretenen Person in Erscheinung treten, so etwa in Form des Anpeilens bestimmter „Regionen", das Herausfordern von Einzelheiten, an die man sich zunächst nicht klar erinnern kann, von denen man aber weiß, daß sie erinnerbar sind. Unserem Sichgewahrsein zufolge haben wir *Einsicht* in diese Erinnerungs*arbeit (Wenzl*, A.: 181; 1932) und wir haben auch den Eindruck, daß uns diese Einsicht bei der Durchführung der Reproduktion behilflich ist. Sicher ist es jedenfalls, daß die Erinnerungsarbeit, das Sicherinnern, kein mechanisches Reproduktionsverfahren ist. Es gibt in der bisherigen Technik kein Verfahren, das die Einsicht in unsere Erinnerungsarbeit nachbilden könnte. Da diese nachweislich die Erinnerungsarbeit erleichtert — unter Umständen auch erschwert, z. B. durch Verführung zu Um- und Nebenwegen —, ist sie nicht etwa nur eine unwichtige Nebenerscheinung oder Zugabe und nicht nur der Ausdruck besonderer Luzidität. Sie ist auch nicht nur eine Art privater Psychologie, sondern ein Teil der Produktivität in der bewußtseinsabhängigen Reproduktion.

b) Die produktiven Vorstellungen

Jemand, der etwas Neues schaffen will, muß sich seine Schöpfung im Geiste vorstellen, bevor er sie realisieren kann. „Komponierende" Computer dagegen bedürfen eines solchen Vorstellungsvermögens nicht. Unabhängig von der Frage, ob der Effekt des Neuen *unbedingt* des menschlichen Vorstellungsvermögens und somit des Bewußtseins bedarf, ist die Häufigkeit des Vorkommens solcher Abhängigkeiten wichtig. Die Bedeutung der Phantasie auch für das wissenschaftliche Schaffen ist schon früh in den Lehrbüchern der experimentellen Psychologie hervorgehoben worden.

„Die Form der Phantasie ist je nach der Wissenschaft verschieden. Die Phantasie des Physikers ist notwendig konkreter als die des Mathematikers, da er beständig auf die Erfahrung zurückgreifen muß. Im übrigen umfassen alle Tatsachenbereiche drei Elemente: beobachten, vermuten, bestätigen... Aber unter all den Ableitungen, Induktionen, Beweisen ist dasjenige, was alles belebt und was man nicht lernen kann, die schaffende Phantasie."

„Ohne Phantasie im hier definierten Sinn gibt es keine wissenschaftlichen Leistungen, sondern nur ein Wiederholen und Nachahmen" *(Fröbes, Josef:* II, 231; 1929).

Wir müssen auf Erörterungen der Umstände des Ursprunges der Phantasie hier nicht näher eingehen, um einzusehen, daß die Phantasievorstellung selbst nur im Bewußtsein möglich ist. Das gilt für alle vorstellungsmäßigen Ausgestaltungen unseres Erfahrungsfeldes, auch für die unseres Alltagsdenkens. Das Ausdenken von Möglichkeiten, von Erwartungen, von etwaigen Folgen unseres Handelns und Verhaltens in diesen oder jenen Situationen, all das erfordert ein Sichvorstellen von etwas, das über die eigentlichen Erfahrungen hinausweist.

Hierbei verfahren wir u. a. durchaus „zusammengreifend"; doch bringen wir dabei nicht Teile, Wirklichkeitsstücke, zu einem Mosaik zusammen, sondern wir lassen situative Wirklichkeitsszenen in uns miteinander konkurrieren, ringen, sich gedanklich in uns bewähren, klären usw. Dieses Verfahren führt die Wirklichkeit über sich hinaus, erringt Positionsebenen mit vordem nicht erkannten Chancen. Hier spiegelt sich im kleinen das Phänomen geistiger Eroberungen, das wir im Anfang dieser Schrift an einigen Beispielen der Entwicklung technischer Neuerungen studiert haben.

Zweifellos gibt es in der Synthese einer produktiven Vorstellung das Zusammenkommen von vordem nicht Zusammenseiendem. Wenn Hans *Volkelt* (17; 1963) auf die Unzusammengesetztheit der Vorstellungen verweist, so steht das hierzu nicht im Widerspruch. Sogar ein künstlerisches Mosaik, das im Endstadium aus kleinen bunten Steinchen zusammengesetzt ist, geht von einem Entwurf aus, der als Idee überhaupt nicht aus Stücken zusammensetzbar ist. Ideen lassen sich nur im Zuge der Sinnzusammenhänge, Systeme, funktionellen „Orte", Bedeutsamkeiten, Chancen u. dgl. zusammenbringen. Auch Programme sind Ideen.

Ideen in diesem Sinne gibt es frühestens im Lebendigen. Es ist die Macht, die etwas „zusammenbringt". Sie muß das nicht durch „rohe Gewalt" bewerkstelligen, sie wird es meistens im Sinne der Verführung tun. Die Macht verführt zur Vermählung von Ideen. Ohne diese würden alle Funktionen teilnahmslos nebeneinander ablaufen.

Neben der Affinität zum Zusammenkommen von Ideen gibt es auch Widerstände gegen Koppelungen und gegen die Einbürgerung von Ideen in bestimmte Vorstellungskreise. So macht z. B. die sklavische Übersetzung fremdsprachlicher Wortkombinationen oft Schwierigkeiten.

Krallmann, Leiter eines Institutes für linguistische Datenverarbeitung, stellt nach 15 Jahren intensiver Forschung fest, daß es bisher nicht gelungen ist, durch Maschinen Übersetzungen anfertigen zu lassen, die „verständlich, qualitativ einwandfrei und letztlich ununterscheidbar von menschlichen Übersetzungen sind".

„Es gibt zur Zeit kein Verfahren, das als vollautomatisch zu bezeichnen wäre und gleichzeitig qualitativ hochwertige Übersetzungen liefert. Das Interesse richtet sich deshalb in zunehmendem Maße auf maschinelle Übersetzungshilfen" (*Krallmann,* Dieter: 102; 1968).

Besonders deutlich werden diese Schwierigkeiten, wenn es sich um die Übersetzung von *Redensarten* handelt, obzwar der Computer auch hierbei Hilfsstellung leisten kann. Der Computer ist im Vorteil, weil er mit großer Geschwindigkeit viele Möglichkeiten sozusagen „durchprobieren" kann; unser Vorstellungsvermögen ist im Vorteil, weil es den „Programmierer" so eng verbunden in sich „eingebaut" hat, daß dieser

2. Sich etwas vorstellen können

nach jedem kleinsten Syntheseergebnis von dieser Position aus neue Möglichkeiten erfassen und so das Such- und Denkverfahren überaus elastisch und schnell „umprogrammieren" kann.

Besonders deutlich tritt dieser Vorteil bei spontanen *Worterfindungen* hervor. Zwar sind neu gefundene Wörter im Endeffekt Kombinationen aus Buchstaben, doch sind diese zugleich Gestalten, sinnvolle Bedeutsamkeiten, und als solche nicht mit der Summe ihrer Teile identisch. Beispielsweise wird dieser Gestaltcharakter, den schon *Platon* an den Vorsilben *so* des Sokrates und *the* des Theaitetos exemplifizierte (S. 172, 178; Ausg. 1959), an der Vieldeutigkeit der Silben, wie etwa der deutschen Silbe *trau*, dargestellt:

        trau — ung
        trau — rig
        trau — lich
        trau — en
        trau — be
        trau — fe
        trau — ner (flaches Schiff)

Die *Sinnfindung*, die Hinfindung zu dem jeweils unterschiedlichen Sinn neuartiger Buchstabenkombinationen, erfordert geistige Anstrengungen oder aber das Glück günstiger Einfälle, wie die folgende Aufgabe zeigt:

Es sind gänzlich neue Ersatzwörter für Gegenstände des täglichen Lebens zu suchen, z. B. für: Brille, Tisch, Motorrad, Fenster, Zigarre, Buch, Blume, Löscher, Füllhalter usw.:

Die Ergebnisse müssen etwa den *Rang* (!) der folgenden Beispiele spontaner Worterfindungen erreichen:

Kindliche Sprachschöpfungen: „Anfasser" (Henkel),
                                      „Gemerk" (Schmerzempfindung)
Aus Jugendgruppen: „Tuckereule", „Röcheleisen" (Motorrad)
                           „steiler Zahn" (anziehendes Mädchen)
                           „Klammerbraut", „Sexualproviant" (Mädchen auf dem Soziussitz)

Weitere Worterfindungen, teilweise unbekannter Herkunft:
                           „Anonymitätsbrille" (Sonnenbrille)
                           „Stinkspargel" (Zigarre)
                           „Muskelzuckismus" (Reflexologie)
                           „Gemachbekleider" (um 1833 gebräuchlicher Ausdruck für Tapezierer)

Sprachschöpfung eines Geisteskranken (mitgeteilt von *Bleuler*):

„Gedankenblitzkinder" (Erfinder)

Analysiert man die „Zusammensetzung" solcher neuen Wortkombinationen, so erweist sich diese nicht an den Buchstabenkombinationen, sondern an Sinndurchdringungen aus ganz *verschiedenen geistigen Bereichen* und Entwicklungsebenen. Damit z. B. der Ausdruck „Klammerbraut" als sinnvolle Gestalt zustande kommen konnte, mußten zunächst folgende Positionen erreicht sein:

Erfindung des Fahrrades

Erfindung des motorisierten Fahrrades

Bereitschaft junger Mädchen, auf Motorrädern mitzufahren

Bereitschaft, sich dabei — wenigstens gelegentlich — wie eine „Braut" zu verhalten

Da den bisherigen Computern solche *Erlebnisgenese* im Verfahren des Erringens von geistigen Positionen *aus sich heraus* nicht möglich ist, sind sie uns hierin unterlegen. Daraus ist allerdings nicht voreilig der Schluß zu ziehen, daß Maschinen grundsätzlich „unproduktiv" sein müßten.

So sehr ich Bezeichnungen wie künstliche Intelligenz usw. ablehne, weil sie zu unzutreffenden und irreführenden Angleichungen verführen, so sehr bin ich der Ansicht, daß der Mensch mit Hilfe der Maschinen auf *völlig* neuen Positionsebenen in bisher ungeahnten Dimensionen *schöpferisch* sein kann. Schon die Entdeckung des Mikroskopes hat ihm Welten erschlossen, die er mit bloßem Auge niemals zu sehen bekommen hätte. Das Werkzeug der Computer wird ihm denkerische Dimensionen erschließen, die das Menschenhirn als solches ohne diese Hilfe niemals hätte erschließen können. Ja, noch mehr: Es ist nicht ganz zutreffend, nur an solche Maschinen zu denken, bei denen lediglich das herauskommt, was vom Programmierer in sie hineingetan wird. Würde z. B. ein Großfernrohr mit einem „Perceptron" gekoppelt, so wäre es prinzipiell möglich, daß diese „Entdeckungsmaschine" vollautomatisch neue Sterne registriert, währenddem der Astronom schläft. Diese Maschine also, die weder ein Bewußtsein noch irgendeine geistige Leistungsfähigkeit hat, kann sinnhaltig Neues „ausfindig" machen. Dieses ist nicht vom Programmierer programmiert worden, sondern höchstens angezielt, und auch der Konstrukteur ist für die Registrierung des Neuen nicht verantwortlich.

Es hängt das damit zusammen, daß die Maschine eine Erweiterung des (menschlichen) Vorgriffes und damit die Erzielung einer dem Menschen sonst nicht erreichbaren geistigen Positionsebene ermöglicht, von welcher aus diesem neue Beziehungsaussichten eröffnet werden.

Eine Maschine kann also unvorhergesehenes Neues „ausfindig" machen, ohne sich etwas vorstellen zu können, ohne selbst findigkeitsinteressiert zu sein und ohne die Bedeutung des Neuen zu erkennen oder zu erleben.

c) Die Realität der Idealität

Der Begriff der Idee wird in der neueren Philosophie immer vieldeutiger und vielschichtiger. So wird er etwa zugleich beansprucht für Urbilder, Erscheinungen, Gedanken, Vorstellungen, Vernunftgemäßes usw. usw. Unserem Thema entsprechend sei die Idee in einem Sinne verstanden, wie er im Zeitalter der Programmierung naheliegt, in dem im besonderen Umfange Ideen in Dinge verwandelt werden konnten.

In dieser Sicht stellt sich die Idee als eine Existenz vor, die dazu befähigt (ermächtigt) ist, Verschiedenes und Verschiedenartiges in ihren Dienst zu stellen. Nach bisherigen Erfahrungen konnte sie das nur in Verbindung mit machtbefähigten (d. h. lebenden) Systemen. Im Unbelebten gibt es lediglich die aus der menschlichen Existenz oder von anderen Lebewesen *erborgten* Ideen. Die im übrigen Unbelebten vorkommenden ideenartigen Erscheinungen wollen wir Vor-„Ideen" nennen. Diese habe ich bei früherer Gelegenheit auch dispositionelle Eigenheiten und Verwandtschaften genannt. Damit sind vorzugsweise jene Vorgegebenheiten im Unbelebten gemeint, die der Existenz von Ideen qualitativ dienstbar werden können.

Ideen, die man sich vorstellen kann, gibt es erst im Bereich des Bewußten oder Bewußtseinszugänglichen. Im Bereich der leiblichen Existenz sind aber die Bau- und Funktionspläne, denen das organische Geschehen gehorcht, als gewachsene Ideen zu bezeichnen, zumal auch diese Ideen Dienlichkeit erheischen. Insbesondere gilt das für die Zusammenstimmung von Stoffen und Energien im Sinne der Artspezifität und für die Eingliederung und Umformung z. B. der Nahrung im Sinne der Organspezifität. Gewachsene Ideen sind außerdem die Archetypen, die Gestaltcharaktere der Instinkthandlungen und die ererbten geistigen Grundeinstellungen des Daseins wie z. B. die Abhängigkeit von Raum, Zeit und Kausalität, und aber auch bei uns Menschen die menschenspezifischen Direktiven der geistigen Entwicklung, die z. B. ein junges Menschenkind anders reagieren und lernen lassen als z. B. ein Affenkind.

H. Exemplarische Bewußtseinsinhalte

Schema des Vorkommens von Ideen

1. im *Unbelebten:*
   a) *Vor-„Ideen":* dispositionelle Eigenheiten und Verwandtschaften
   b) *geborgte Ideen:* Maschinen, Kunstwerke, Kopien, Schriftzeichen, Filme, Tonkonserven, Programmierungsfolgen Versteinerungen von Lebewesen
2. im *Belebten:*
   a) *gewachsene Ideen:* Artspezifisches, Bau- und Funktionspläne, Urbilder, Archetypen, Instinkt-Gestalten, leib-seelische Grundausrüstungen
   b) *erlebbare Ideen:* Ideen des Wahrnehmens, Denkens, Vorstellens, Fühlens, des Vorhabens und Handelns

Ideen, deren Realität am ehesten beargwöhnt wird, sind meistens erlebbare Ideen, Ideen im Bereiche des Sichvorstellens und des Vorhabens. In diesem Bereiche kommt es leicht zu Spekulationen und Phantastereien. Lediglich diejenigen zunächst vorgestellten Ideen, die realisiert werden konnten, vermochten den Argwohn endgültig zu widerlegen. Es läßt sich theoretisch nicht festlegen, wann eine nur vorgestellte Idee unberechtigt beargwöhnt wird. Durchweg ist das bei den sogenannten gut fundierten Ideen der Fall, die aber meistens nichts Neues bringen. Da die *produktive* Idee sich gerade dadurch auszeichnet, daß sie gemeinhin verschiedenartig Bewertetes unter sich zu vereinigen vermag, ist die Vorhersage ihrer Realisierbarkeit schwierig:

Ein Konstrukteur, der neue elektrische Apparate konstruiert, steht vor der Aufgabe, die sonst aus Kupfer angefertigten elektrischen Leitungen durch andere Stoffe zu ersetzen.

Er wird dann zunächst daran denken, andere Ersatzstoffe wie Aluminium, Eisen, Nickel zu verwenden.

Doch diese — so sei angenommen — erweisen sich aus verschiedenen Gründen als nicht brauchbar.

Das führt ihn zu dem Gedanken, dünne Kunststoffschläuche zu verwenden, die mit Quecksilber gefüllt sind.

Würde auch dieser Gedanke nachteilig sein, so hätte er heutzutage sogar den Ausweg, an die Verwendung von Nichtmetallen, z. B. Schwefel, zu denken, da solche Nichtmetalle heutzutage durch Anwendung hoher Drucke metallische Eigenschaften, z. B. auch elektrische Leitfähigkeiten, annehmen.

Vom klassischen Chemieunterricht beeinflußtes Allgemeinwissen älteren Datums hätte wohl kaum den Gedanken aufkommen lassen, daß

Nichtmetalle metallische Eigenschaften erwerben können, wenn diese sehr hohen Drucken ausgesetzt werden, obzwar das *nachträglich*, nachdem es realisiert wurde, ganz plausibel erscheint. Auf dieser neuen Positionsebene sind also Kupfer, Eisen, Nickel, Quecksilber und Schwefel partiell gleichsinnig.

Sie werden unter der zusammenfassenden Idee keineswegs gleich. Unter einer Gleichheit versteht *Windelband* ohnehin das Verhältnis, worin Verschiedenes zueinander steht. Statt von absoluten Gleichheiten, sollte man von partiellen Gleichsinnigkeiten sprechen und statt des Gleichheitszeichens = in solchen Fällen für die partielle Gleichsinnigkeit das Zeichen „=" verwenden. Dann könnte man schreiben:

Kupfer „=" Eisen „=" Nickel „=" Quecksilber „=" metallischer Schwefel.

Außer den extrem produktiven Ideen gibt es im Bereiche des Denkens selbstverständlich auch Ideen im Sinne der Begriffe oder Ordnungen. Auch diese erheischen Dienlichkeit seitens ihnen untergeordneter Abhängigkeiten. Die Dienlichkeit wiederum ist nicht beschränkt auf Faktoren der Nützlichkeit und Brauchbarkeit. Es gilt das Prinzip der Dienlichkeit vielmehr auch für zweckfreie Interessen, z. B. für die Wahrheit um der Wahrheit willen. So gibt es Wahrheitsdienliches, Wahrnehmungsdienliches, Vorgriffsdienliches, Schönheitsdienliches, Sensationsdienliches und Funktionen im Dienste der Wertungsdistanz und der Askese.

3. Sich einsetzen und sich durchsetzen

a) *Die Positionsebene des Wollens und Handelns*

Vom Effekt her gesehen, erzielen Maschinen Leistungen, die früher ausschließlich durch den Einsatz körperlicher und seelischer Energien des Menschen erbracht werden mußten. Ja, die maschinellen Energieleistungen erreichen sogar übermenschliche Ausmaße. Doch bezeichnenderweise wird sogar angesichts solcher Gewalten kaum jemals von einem künstlichen Willen der Maschinen gesprochen, währenddem von künstlicher Intelligenz und maschinellem Problemlösen durchaus die Rede ist. Bei aller Abstraktion — „Leistung ist Leistung" — ist offensichtlich die Fremddienlichkeit des Energieeinsatzes der Maschine ein zu deutliches Merkmal. Es kann kaum übersehen werden, daß selbst den stärksten Energieerzeugern jedes Minimum an Eigenwilligkeit fehlt. Die typischen Maschinen sind die fremddienlichen Sklaven schlechthin.

Bei alldem bleibt indessen die grundsätzliche Abhängigkeit des menschlichen Willens vom Vorhandensein und von der Zugänglichkeit physischer Energien ein unbestreitbares Faktum. Ebenso unbestreitbar ist es wiederum, daß der menschliche Wille vom Belebtsein des Leibes abhängig ist, dem er angehört. „Tote Dinge handeln nie" *(Dürken,* B.: 262; 1944). Mit anderen Worten: Die Abhängigkeit des menschlichen Willens von physischen Energien ist nirgendwo im Lebendigen von der *direkten* Art, wie sie im Zusammenspiel von Maschinenenergien vorgestellt wird. Die physischen Energien, die der Menschenleib beherbergt und verwendet, sind zunächst dem Bau- und Funktionsplan dieses lebenden Leibes unterstellt, und erst dann sind sie auf einer höheren Positionsebene dem Ich als dem Stellvertreter der menschlichen Person zugänglich. Solange wir das wirkliche Zusammenspiel der Energien in einem bewußtseinsbefähigten Leib nicht besser kennen als bisher, sind wir darauf angewiesen, die sich demonstrierenden diesbezüglichen Tatbestände der lebendigen Natur zu registrieren. In einer sehr vereinfachten, im Prinzip an *Aristoteles* orientierten Übersicht lassen sich drei Wirkungsebenen von Energien in der Natur unterscheiden:

1. die physikalische Wirkungsebene der Energien
2. die biologische Positionsebene der Energien
3. die personale Positionsebene der Energien

Innerhalb der typisch *physikalischen* Wirkungsebene von Energien lassen sich zwar stärkere und schwächere Energiewirkungen registrieren, jedoch ist es in der Physik nicht üblich, von einer Dienstbarkeit bestimmter Energien gegenüber anderen zu sprechen.

Die typisch *biologische* Positionsebene der Energien dagegen legt es nahe, von einer Dienstbarkeit der Energien zugunsten des Bau- und Funktionsplanes belebter Organisationen zu sprechen. In fraglichen Fällen z. B. sehr primitiver Lebensorganisationen läßt sich diese Dienstbarkeit immerhin noch im Sinne einer Als-ob-Hypothese vertreten.

Die typisch *personale* Positionsebene der Energien stellt diese im Bereiche des Bewußtseins ganz eindeutig als solche dar, die Energien des belebten Leibes für bestimmte Ziele und Aufgaben einsetzt. Insbesondere demonstriert die Umformung der menschlichen Umwelt, wie sie in unserem Jahrhundert vollzogen wurde, die Dienstbarkeit der Energien.

Die Fähigkeit, sich mit seiner „ganzen Person" für eine Aufgabe einsetzen zu wollen, läßt sich nicht im Sinne rein physikalischer Energieabläufe und -kombinationen begreifen. Zwar sind die hierbei eingesetzten Energien keine Energien außerphysikalischer Art; doch wirken diese in einem besonderen System, für das die typisch unbelebten Stoff- und Energiekombinationen der Natur kein ausreichendes Beispiel herzugeben vermögen. Zunächst mußte die Natur die Positionsebene des Belebtseins errungen und sodann die der Bewußtseinsfähigkeit erobert haben, um das System zu gewährleisten, in dem das bewußte Ich-will verwirklicht werden konnte.

Die Person nämlich, die sich vermittels ihres Stellvertreters, des Ichs, einsetzen und durchsetzen will, besteht keineswegs nur aus der jeweiligen Energie- und Stoffkombination des gesamten Leibes, sondern sie ist das Resultat einer langen Entwicklungsgeschichte. Jede Willensäußerung einer Person ist — streng genommen — die Willensäußerung einer milliardenjährigen Geschichte und des Errungenseins der höchsten Position, die dieser Werdegang erreichen konnte.

Henry *Ey* (103; 1967) definiert das Präsenzfeld (im Bewußtsein) als ein solches, in dem das Erleben als ein Entwurf bestimmt wird, als etwas, das auf dem Wege ist, sich zu verwirklichen. Er hat in seiner sonst sehr ergiebigen Monographie auch die Bedeutung des kontrollierten Handelns z. B. für die Gegenwärtigkeit der Präsenz hervorgehoben, aber das Handeln doch so sehr vernachlässigt, daß die Stichwörter „Wille" und „Handeln" in seinem Sachregister fehlen. Das ist vielleicht nicht nur ein Zufall, wenn man bedenkt, daß in den Beziehungen des Ichs zum Bewußtseinsfeld die Betrachterrolle in den Vordergrund rückt. Die Phänomenologie geht von dieser Betrachterrolle aus. Sogar die Existenzphilosophie bleibt ihr verhaftet. In der einen oder anderen Psychologie von den *Antrieben* wiederum wird der Anschein erweckt, als würde der Mensch von ähnlichen Energien in Bewegung gesetzt, wie das in lediglich anderer Modifikation bei Maschinen geschieht. (Derartige Vergleiche liegen der Bewußtseinsauffassung *Eys* allerdings völlig fern.)

Das Sicheinsetzen und Sichdurchsetzen erfordert das Bewußtsein im besonderen Sinne, wobei es selbstverständlich mit diesem nicht identisch ist. Ein Unbewußter kann inneren An-Trieben ausgesetzt sein, aber sich in diesem Zustande nicht einsetzen und auch nicht durchsetzen. Nicht einmal ein traumbewußter Mensch, der von Wünschen und Strebungen seines Trieblebens heimgesucht wird, kann sich wirklich einsetzen; er kann nur davon träumen, daß er es tut.

Zweifellos gibt es gewisse elastische Abhängigkeiten der psychischen Energie von physischen Energien. Im Falle einer Erkrankung, z. B. bei erheblichem Blutverlust, kann die Minderung der Körperkräfte auch eine Minderung der Unternehmungsbereitschaft, der Initiative, herbeiführen. Physisch kraftvolle Naturen wiederum können recht phlegmatisch sein.

Ohne die qualitativ unterschiedlichen Strebungen (Antriebe), die in das Bewußtsein hineinwirken, zu ignorieren, sei in einer vereinfachenden Zusammenfassung auf das Eroberungsinteresse verwiesen, das über die Betrachterrolle (z. B. auch der „reinen" nachvollziehenden Logik, „reinen" Mathematik, „reinen" Phänomenologie, „reinen" Erkenntnis, „reinen" Bewußtseinsphilosophie usw.) hinausführt und das für die Rolle des Bewußtseins in einer programmierten Welt bezeichnend ist.

b) Sich entscheiden und sich bescheiden

Die Situation des Noch-nicht-Entschiedenen und somit der Unentschiedenheit ist nur im existentiellen Bereiche des Vorhabens möglich. Wo in der Natur die Befähigung, etwas vorhaben zu können, gänzlich fehlt, da gibt es nur die Entschiedenheit unabwendbar ablaufender Vorgänge. Die maschinellen „Vorfühler", auf die die Kybernetiker (vgl. u. a. *Wagner*, 1956, 1959) verweisen, ermöglichen diesen keinen eigeninteressierten Vorgriff. Sie existieren nicht im eigenen Vorhaben. Sie sind fremddienlich vorgreifend, nämlich zugunsten der Erweiterung des menschlichen Vorgriffes.

Wir Menschen dagegen können wirklich etwas vorhaben. So wollen wir etwa morgen diese oder jene Besorgungen machen. Dieses Vorhaben veranlaßt uns zu dementsprechenden Vorbereitungen. Wir machen uns Notizen; wir legen bestimmte Dinge zurecht. Unser Vorhaben bewirkt also u. a. auch physisch nachweisbare Veränderungen in unserer Umwelt. Unser Vorhaben besteht also nicht nur etwa in unserer Phantasie. Sogar, wenn wir es später nicht durchführen oder nicht *genau* in seinem Sinne durchführen können, so hat es jedoch bereits jene Veränderungen in unserer Umwelt bewirkt, z. B. das Zurechtlegen bestimmter Dinge.

Die zweifellos oft feststellbare *Launenhaftigkeit* im menschlichen Vorhaben ist gewiß kein sehr anziehender Gegenstand für eine Wissenschaft, die sich vorzugsweise mit festgelegten Regeln befassen möchte. Aber physikalisch nachweisbare Äußerungen der Unentschiedenheit, wie etwa das unruhige Hin- und Herlaufen des von Konflikten Heimgesuchten, sind so eindeutig wirklich, daß auch der nur eingebildete Konflikt zumindest soweit real ist, soweit er solche Äußerungen provoziert.

Neben der Unentschiedenheit in Konfliktsituationen kennen wir die Aufrechterhaltung einer Spannungssituation im Sinne des *Sichbescheidens*. Im Zeitalter der prompten Wunscherfüllungen mag diese Haltung nicht immer auffällig sein, vorhanden ist sie aber sicherlich. Das sich beherrschende, zurückhaltende, sich kontrollierende, kritisierende, zensierende Ich ist ein Faktum. Es ist *Freuds* Verdienst, das Ich als Zensor entdeckt zu haben; doch soll es hier nicht nur als Vertreter des Gewissens, der Verantwortung im sozialen Sinne, sondern als *Funktionär der Verhaltenheit* schlechthin gesehen werden. Dieses Ich ist allerdings keineswegs ausnahmslos als Ordnungsmacht tätig, das etwa die Triebe in Schach hält. Es ist vielmehr das gleiche Ich, das z. B. dem Sexualtrieb gehorcht und dem Es mancherlei Freiheiten gestattet und das wiederum Trieberfüllungen untersagt und Wünsche verdrängt. Doch ziemlich in allen Fällen ist bei einer gesunden Person zwischen Trieb und Trieberfüllung das regulierende Ich zwischengeschaltet. Die Fähigkeit zur Askese und zur Geduld ist nur solchen Naturvorgängen möglich, denen die Existenzform des Vorhabens eigen ist. Zwar lassen sich durchaus Maschinen konstruieren, die erst nach längerer Zeit „antworten" und „reagieren"; doch handelt es sich hierbei immer um eine Funktionsdauer, der keinerlei Geduld abverlangt wird. Geduld gibt es nur bei Lebewesen mit eigenem Vorhaben, so auch bei den Wissenschaftlern, die geduldig auf das Ergebnis der Computer warten, die sie in ihren Dienst gestellt haben.

c) Motiv oder Ursache?

In seiner „Konfliktpsychologie" hat sich H. R. *Lückert* (100 ff.; 1957) sehr eingehend mit dem Motivationsbegriff auseinandergesetzt und in diesem Zusammenhange insbesondere — wie auch Ph. *Lersch* — seine Tiefenverankerung bedacht und auf Unterschiede zwischen Beweggründen und Verursachungen hingewiesen:

„Beweggründe sind keine Verursachung.

Der Wind bewegt ein vom Baume fallendes Blatt, hier ist der Wind Ursache für die Bewegung des Blattes, man wird hier schwerlich von einem Beweggrund sprechen können. Beweggründe gibt es nur im Bereiche des eigentätigen Lebens, im Bereiche des Sichverhaltens und Handelns."

„Die Kausalität und Motivation als ‚Sätze' vom zureichenden Grunde des Werdens und Handelns unterstehen beide der Zeitdetermination. Wesensgemäß sind sie aber dadurch unterschieden, daß nur der Kausalität der Charakter der Notwendigkeit zukommt, die Motivation dagegen ihren Ort im Bereiche der Freiheit hat" *(Lückert, H. R.: 111; 1954).*

Freiheit — so wäre hier zu ergänzen — gibt es nur im Bereiche der Existenzart des Vorhabens. Da die Existenzart dieses Vorhabens durch ganz reale Bedingungen gewährleistet sein muß, ist sie nicht aus Ursachlosigkeit zu begreifen. *Freiheit entsteht nicht aus Ursachlosigkeit.* Es muß vielmehr etwas für sie aufgebracht werden, um sie zu gewährleisten. Freiheit ist Wenigerbedrängtsein eines Machtbefähigten.

Direkte Verursachungen im Sinne einer uhrwerkartigen Determinativität, die in besonderer Weise „blind" ist und das naturgegebene Vermögen der eigenen Voraussicht und des Vorgriffes überhaupt noch nicht entwickelt hat, sind im bewußten Handeln nicht anzutreffen. Typische Maschinen und typische maschinenartige Systeme wiederum haben keine eigenen Motive. Auch die kybernetischen „Vorfühler" folgen nicht eigenen Beweggründen, sondern den (blinden) Verursachungen ihrer Bedingungen. Maschinen sind zu eigeninteressiertem Vorgriff nicht befähigt, für sie gibt es daher die Existenzart des eigenen Vorhabens nicht. Dementsprechend kann hier kein Vorhaben bedrängt und es kann von solchen Bedrängungen auch nicht befreit werden. Typische Maschinen haben keine Freiheit.

Durch die Befähigung zum eigeninteressierten Vorgriff überwindet ein System nicht nur die blinde Art der Determinativität, sondern es verschafft sich selbst neue Bedingungen, neue Chancen und auch neue Grenzen. Mit der Ausbildung von Sinnesorganen lenkt das betreffende Lebewesen Bedingungen in seine Existenz, die sonst an dieser vorbeiwirken würden. Noch mehr gilt das für die Existenz des Menschen, der durch Förderung der geistigen Ausbildung seinen geistigen Horizont erweitert und von Bedingungen erreicht wird, die im weiten Weltenraum geschehen. Diese Mitbestimmung seiner Existenz ist indessen durchaus bedingt, u. a. auch von physischen Mitteln, von Vorkehrungen und Zurichtungen abhängig, die tatsächlich geschehen, also verursacht sein mußten. Schon Sinnesorgane, die die Voraussicht vermitteln, mußten real verursacht sein, ehe sie entstehen konnten.

d) Sich verantwortlich wissen

Es ist üblich, die Verantwortlichkeit als eine sittliche und somit auch soziale Funktion zu verstehen. Ohne dem generell zu widersprechen, soll hier eine grundsätzlichere, sozusagen naturwissenschaftliche Version bevorzugt beachtet werden. Verantwortlichkeit setzt nämlich voraus, daß die verantwortliche Person oder ihre Repräsentanz, das Ich, über die Autorisation verfügt, derzufolge sie tatsächlich — aus sozialen oder sittlichen oder auftragsgemäßen oder selbstgesetzten Gründen — eigenverantwortlich zu handeln vermag. Im allgemeinen wird der gesunde und in seinem Wachbewußtsein unbeeinträchtigte (erwachsene) Mensch als für seine Handlungen voll verantwortlich angesehen. Die Tatsache, daß physisch nachweisbare Einwirkungen (Narkose, Dämmerzustand, Schlaf) die Position der Verantwortlichkeit beeinträchtigen können, macht deutlich, daß die Realisierung der Verantwortung von der Zugänglichkeit des Ichs zu den physischen Energien mitabhängig ist, die eine Handlung einzuleiten und durchzuhalten vermögen.

Verantwortlichkeit soll hier insbesondere in dem Sinne verstanden werden, der etwa in der Redewendung zum Ausdruck kommt: Das verantworte ich ganz von mir aus. Bei früherer Gelegenheit wurde das Ich mit dem Souverän verglichen, der aus eigener Machtvollkommenheit handelt. Das Ich ist dem begüterten Mäzen vergleichbar, der von seinem Reichtum willkürlich Aktionen finanziert, *ohne darüber Buch führen zu müssen*. Wie der Mäzen ist das Ich keineswegs unabhängig von „*Verfügbarkeiten*", d. h. von dem Vorhandensein und von dem Zugang zu Energien (zu Reichtümern). Doch beginnt die von ihm protegierte Aktion erst von seiner Machtposition aus; ohne sie wären die betreffenden Handlungen nicht zustande gekommen. Der Ursprung der vom Ich protegierten Handlung ist dieses Ich, d. h. seine Positionsebene, die ihrerseits das errungene Mehr-als-Summenhafte eines entsprechenden Werdeganges ist. Die Kausallinien der eigenmächtigen Handlungen des Ichs sind sozusagen gebrochen durch den Knotenpunkt des Ichs als des Mehr-als-Summenhaften eines Errungenseins.

Die Anerkennung der eigenmachtbefähigten Positionsebene des Ichs bedeutet nicht die Anerkennung einer Akausalität im Sinne wirklicher Ursachlosigkeit. Im Spannungsgefüge der ichbestimmten Entscheidungen haben wir es zwar primär mit Motiven und erst sekundär mit Ursachen zu tun. Doch ist das sorgsame Erwägen zwischen verschiedenen Beweggründen und Begründungen, das Ringen im Für und Wider, das Sichvergewissern um die eigene Verantwortlichkeit, die gewissenhafte Prüfung der Bedeutungsgewichte, die Konkurrenz der Wertungsaspekte in den Bereichen des Verstandes, des Willens und des Gemütes kein ursachloses Geschehen. Nicht einmal energielos geschieht hier etwas. Allerdings sind die Energien, die diesen inneren gedanklichen Kampf physisch gewährleisten, verhältnismäßig schwache Energien. Da das Ich nur in einem lebendigen System möglich ist, in welchem schwache Energien stärkere zu lenken vermögen, garantiert diese Systemrealität den Austrag machtvoller Bedeutungsgewichte.

Der Hinweis der Kybernetiker auf das Verstärkerprinzip ist hier nur bedingt am Platze; denn es muß beachtet werden, daß die Verstärkung selbst noch nicht mit der Macht identisch ist. Die typische maschinelle Verstärkung dient der (fremden) Macht, ist selbst nicht mächtig.

Bedeutungsgewichte gibt es nur im Lebendigen und Erwägungen um sie nur im Bewußtsein. Ein Signal, das tödliche Gefahren ankündigt, muß Lebendiges affizieren, um dieses Bedeutungsgewicht zu realisieren. Ohne dieses „Ankommen" im besonderen Sinne ist es eine elektromagnetische Welle wie jede andere.

Vergleicht man die Gegebenheiten des Ichs und des Bewußtseins mit Modellen, denen nachweislich diese Gegebenheiten *völlig* fehlen, so hat man sich einem ganz und gar untauglichen Modell anvertraut. Orientiert man seine Kausalitätsauffassung an Modellen aus dem Unbelebten, so beschränkt man sie auf den primitivsten Bereich der Natur. Zwar garantiert das einfache Modell entsprechend einfache Kausalzusammenhänge, vielleicht verschafft es auch ein stärkeres Sicherheitsgefühl; doch bei der Anwendung dieser einfachen Gegebenheiten auf Naturvorgänge, die solchen Einfachheiten nachweislich nicht entsprechen, wird die angebliche Sicherheit zur Scheinsicherheit und Pseudoobjektivität.

Vielleicht wird die Naturwissenschaft in gar nicht so ferner Zeit ein Maß für bestimmte Formen der Macht finden. Sie wird sich dabei an dem Phänomen des Mehr-als-Summenhaften orientieren und beachten müssen, daß jede Macht ihre sehr realen Bedingungen hat. Hinsichtlich ihrer Mathematisierbarkeit wird man keine prinzipiellen Schwierigkeiten zu überwinden haben. Man bedenke, daß die heute in allen Wissenschaftszweigen erprobte *statistische Methodik* sich sehr gut mit dem Lebensphänomen der Macht verträgt. Macht vernachlässigt — wie der Statistiker — die Einzelkausallinien, die Unvertauschbarkeit und Unersetzbarkeit, ohne diese aber wirklich außer Kurs setzen zu können. Sie existiert zwischen den Polen des „Machens" und des „Gewachsenen".

Beispiel: Ein Mähbinder, wie er in der Landwirtschaft verwendet wird, ist von seinen Konstrukteuren so eingerichtet, daß er die Halme zu Garben zusammenbindet. Gleichwohl mußten einzelne Halme zunächst gewachsen, die Körner mußten gesät und die Entwicklung der jungen Pflänzchen pfleglich behandelt worden sein, damit die Konstruktion von Mähbindern überhaupt einen Sinn hat. Für den Konstrukteur sind die einzelnen Halme und ihr individueller Werdegang allerdings belanglos; er sieht vorzugsweise die Aufgabe des „Zusammengriffs", die mit dem Vorhandensein von Halmen in der Mehrzahl beginnt.

Das „Zusammengefaßte" erhält hier einen Vorrang, eine gewichtigere Mächtigkeit als die Individualität der Einzelkausallinien. Analog ist das Ich ein „Zusammenfasser" und ein übergreifend Zusammengefaßtes, das sozusagen seinen Werdegang vergessen hat. Es ist eine durchaus verursachte Existenz, allerdings nicht im Sinne blinder, automatenhafter, sondern im Sinne einer übergriff- und vorgriffbefähigten Verursachung.

Dementsprechend kann die Macht und somit die Freiheit des Ichs durch determinierende Einflüsse auch beschränkt werden. So z. B. durch eine teilweise Degradierung der menschlichen Existenz zu einem maschinenartigen System. In solchen Fällen handelt der Betreffende nicht frei, sondern unter Zwang. Wird z. B. ein Mensch von einem Orkan gegen einen anderen Menschen geschleudert und wird dieser dadurch getötet, so kann jener nicht des Totschlages bezichtigt werden. Ein Kranker, der „nicht mehr seiner Sinne mächtig ist" und der in diesem Zustande eine Untat begeht, ist nicht verantwortlich, wenn er wirklich wie ein Automat den in ihm wirkenden Bedingungen folgte. Kein Roboter ist verantwortlich. Verantwortlich sein heißt, seiner mächtig sein. Wir nennen diese eigenmachtbefähigte Instanz in uns das Ich, das aber nur eine stellvertretende Repräsentanz unserer Person und von dieser nur ermächtigt ist.

4. Sich vergewissern und sich irren

Bei aller Hilfe, die die wissenschaftliche Wahrheitssuche durch Informations- und Kontrollapparate erfährt, wird der Wissenschaftler letztlich nicht aus der Verantwortung entlassen, sich selbst zu vergewissern. Maschinen können zwar ihre eigene Tätigkeit überwachen und korrigieren; doch keine Maschine kann sich überzeugen.

Die Vergewisserung ist im eigentlichen Sinne erst in der Offenheit des Wachbewußtseins optimal. Das Traumbewußtsein kann zwar ein sehr eindringliches Bewußtsein darstellen; aber es bleibt in der Regel ein Bereich eingeschränkter Kritikfähigkeit, der einer weitstreckigen Vergewisserung kaum dienlich ist.

Eine der elementaren Voraussetzungen der Vergewisserung ist die Fähigkeit des Lebendigen, seinen Bedingungskomplex aus sich heraus zu erweitern. Auf der höheren Positionsebene des Bewußtseins erfährt diese Fähigkeit eine erhebliche Ausgestaltung. Das Wachbewußtsein ist infolge der vollen Dienstbarkeit der Übermittlungs- und Reproduktionshilfen des Zentralnervensystemes für die Durchhaltung weitstreckiger Gedankenfolgen besonders geeignet. Es ist der ausgezeichnete Bereich der Pflege „vielseitiger Beziehungen".

Insbesondere werden durch neue Erfindungen und Entdeckungen zusätzliche Einflüsse in den menschlichen Lebensbereich gelenkt, die sonst an diesem gänzlich vorbeiwirken würden.

Besonders deutlich zeigt das jener Erfolg der Weltraumforscher, denen es vermittels der Fernsehaufnahmen und -übertragungen künstlicher Satelliten gelang, Bilder der Hinterseite des Mondes dem Menschen zugänglich zu machen.

Doch auch im Bereich alltäglicher „Horizonterweiterungen" geht es um die Zuleitung von Bedingungen auf uns, von denen wir ohne diese zusätzlichen Informationen unberührt geblieben wären.

Um uns etwa über die Aussichten eines Urlaubsvorhabens besser zu vergewissern, besorgen wir uns besondere Informationen, z. B. Prospekte aus dem Urlaubsort, Auskünfte über seine Kurbedingungen usw. usw. Wir leiten auch in diesem Falle Einflüsse in unseren Interessenbereich, die uns sonst nicht erreichen würden.

Diese Erweiterung der Bedingungen unserer Existenz ist die Folge geistiger Interessen. Sie vollzieht sich in einem System von Beziehungsrealitäten. Sie operiert nicht mit der vollen Wirklichkeit, sondern begnügt sich mit einem System übergreifender, weitstreckiger und vielfach sogar schematischer Beziehungen. Das ist wiederum nicht nur im wissenschaftlichen, sondern im Prinzip auch im Alltagsdenken so.

Beispiel: Erkundigen wir uns in einer fremden Stadt nach dem Weg zum Bahnhof, so genügt uns die schematische Beschreibung im Sinne des Stadtplanes. Es ist nicht nötig, etwa jeden Pflasterstein genau zu beschreiben, den wir betreten müssen, um das Ziel zu erreichen oder gar noch eine Untersuchung der Gesteinsart, eine chemische Analyse über seine Zusammensetzung anfertigen zu lassen. Es genügt die Beschreibung einiger markanter Punkte, um unser Ziel zu erreichen.

Die Erweiterung unseres geistigen Horizontes bringt zwar eine Vermehrung unseres Wissensschatzes mit sich, dennoch bedeutet die Eroberung neuen geistigen Geländes nicht die Befreiung von Irrtumsmöglichkeiten schlechthin. Die anstehenden neuen geistigen Beziehungen üben vielmehr eine zusätzliche geistige Verführungskraft aus, so daß die neuen

Irrtumsmöglichkeiten zahlenmäßig jetzt umfassender sein können als früher. Die steigende Irrtumsanfälligkeit ist natürlich kein Zeichen verminderter Erfahrung, Kritikfähigkeit und Intelligenz. Die Vermehrung des Wissenschatzes führt wiederum nicht unbedingt zu einer Stärkung der inneren Sicherheit. Mit dem Wissen um die Bewältigung von Gefahren vermehrt sich das Wissen um neue Gefahrensmöglichkeiten. Mit der Überwindung der Irrtumsanfälligkeit ist es so schwierig wie mit der Überwindung der Krankheitsanfälligkeit. Alte Irrtümer und Krankheiten werden überwunden; doch geschieht das immer durch einen Lebensvorgang, dessen geistige Macht niemals eine starr stabilisierte, sondern eine dynamische ist, die ständig neu gewahrt werden muß. So wird der Mensch irrtumsanfälliger, je mehr Irrtümer er überwindet. Er tauscht sein früheres einfaches Dasein gegen ein komplizierteres ein.

5. Sich sorgen und sich freuen können

Die Begriffe Bewußtsein, Dasein und Existenz sind gewiß nicht identisch. Alles Lebendige, auch das noch nicht bewußte, hat schon eine Beziehung zur Existenz. Die Sorge ist zwar ein spezifisches Kriterium des Daseins und der Existenz, nicht aber des Bewußtseins. Wohl bedarf das Vorgreifende und Umgreifende der Sorge des Bewußtseins. In der Bewußtlosigkeit ist die Sorge unwirksam. In der Sorge erlebt auch der Skeptiker die Sonderart seines Daseins. Der literarische Existentialismus wertet vorzugsweise die negativen Daseinskriterien wie Angst, Sorge und Elend als Lebensrealitäten.

Dagegen hat das Vermögen, sich freuen zu können, kaum eine philosophische Würdigung als Daseinskriterium erfahren, wenn man von den Dichterphilosophen absieht. Der kritisch eingestellte Geist pflegt die Daseinsfreude als Quelle verfänglicher Selbsttäuschungen zu bewerten. Es ist beinahe verständlich, wenn die Existenzphilosophie die Daseinsfreude nahezu gänzlich ignorierte. Mit dem Naturell der Optimisten, so scheint es, läßt sich keine ernst zu nehmende Philosophie begründen. Die im Hochgefühl der Ekstase tatsächlich vorkommenden Unvorsichtigkeiten, Täuschungen und Verführungen im geistigen und vitalen Sinne scheinen den Weg zur Realität des Daseins eher zu verbauen als zu erschließen. Gleichwohl gibt es den Schaffensrausch mit positiven Folgeereignissen: viel Neues ist durch die Freude und der Freude wegen in die Welt gekommen. Wären nur Angst und Sorge bedeutsame Daseinskriterien, so würde dieses Dasein sehr bald an

Dürftigkeit und Nichtigkeit zugrunde gehen. Ihm würde es an der mit Recht von *Binswanger* herausgestellten *Daseinsfülle* mangeln.

Unabhängig aber von der Wertung, die Angst und Freude als Daseinskriterien erfahren, bleibt es eine Tatsache, daß der bewußte Mensch sich zu sorgen, zu ängstigen und zu freuen vermag. Obzwar das in der Subjektivität des persönlichen Erlebens erfolgt, ist es ein Vorkommen in der lebendigen, bewußtseinsfähigen Natur und als solches eine Realität. Selbst dann, wenn die Freude nur eine Illusion wäre, ist sie nachweislich zumindest ein Vorkommen, das physische Wirkungen erzielt und auch durch physische Ursachen ausgelöscht werden kann.

Angst und Freude sind allerdings mit den typischen Verfahrensweisen der Naturwissenschaften vom Unbelebten kaum zu erfassen und zu begreifen. Auch die Geisteswissenschaften haben sich den Emotionen nicht gerade mit besonderer Begeisterung zugewandt. In manchen ihrer Wörterbücher fehlt der Begriff Freude gänzlich. Die Philosophie hat sich ebenfalls in langfristigen Epochen mehr für die Fragen des Erkennens und des Denkens interessiert als für die Freude.

Es steht indessen wirklich kritischem Denken schlecht an, so daseinswichtige Realitäten wie die der Freude einfach zu ignorieren. Insbesondere jene Naturwissenschaftler, die meinen, über eine Formel zu verfügen, aus der sich alle Vorkommnisse der Welt ableiten lassen, müßten sich zumindest in ihren Theorien gerade mit solchen Phänomenen befassen, die sich nicht so ohne weiteres in Formeln darstellen lassen. Ist die Freude ein tatsächliches Vorkommnis in der Natur, dann ist es immerhin bemerkenswert, daß sie sich so ganz und gar nicht in das naturwissenschaftliche Weltbild einfügen will.

Der Hinweis, daß Angst und Freude „nur" existentielle Wahrheiten betreffen, ist kein geeigneter Ausweg für die typisch naturwissenschaftliche Verfahrensweise. Auch *Strunz,* der betont, daß das existentielle Denken sich auf einer ganz anderen Ebene befinde als das sachliche, verkennt nicht die Tatsächlichkeit des Existierens (66, 124; 1965). Mag auch die *Richtigkeit* der jeweiligen bewußtseinszugänglichen Wertungen von Fall zu Fall in Frage stehen, so aber nicht ihre grundsätzliche Naturgegebenheit. Zumindest ein Phänomen der Existentialität, auf das *Binswanger* immer wieder verweist, wenn auch, um gegen die Existenzphilosophie zu opponieren, nämlich das Phänomen der Macht, hat mit Sicherheit erhebliche physische Wirkungen und Ursachen. Macht läßt sich naturwissenschaftlich nicht ignorieren!

Hier wird deutlich, wie sehr das Bewußtsein auf Rangphänomene verweist. Natürlich läßt sich darüber streiten, ob das Erkennen oder der Wille oder das Gemüt den höheren Rang im menschlichen Dasein einnimmt. Doch läßt sich gerade in unserer Zeit die Meinung vertreten, daß die Freude das erregendste, reizvollste, bedeutendste Naturereignis ist, das es gibt. Naturwissenschaftlich gesehen ist es — bei aller Unerklärtheit — anderen Naturphänomenen zumindest gleichrangig.

So verstanden, ist es eine der bedeutendsten Leistungen des Bewußtseins, daß es es uns ermöglicht, uns freuen zu können.

I. Die Beziehungsrealität des Unbewußten

1. Das Nichtbewußte

Vom radikal Nichtbewußten haben wir schlechterdings keine innere Erfahrung. Wenn vom Unbewußten die Rede ist, wird paradoxerweise am wenigsten an das radikal Nichtbewußte, sondern es wird gemeinhin mehr an Beziehungen gedacht, die in das Bewußtsein hineinwirken, ohne selbst klar bewußt zu werden. Dieses Indirektbewußte — wie man es auch nennen könnte — wird vielfach Unterbewußtsein genannt. Doch verführt hier die Vorsilbe Unter... zu irreführenden Veranschaulichungen. Das Indirektbewußte kann z. B. inselartig wirksam, es kann weiterhin ganzheitlich strukturbestimmend sein oder einem Randphänomen entstammen.

Als radikal Nichtbewußtes dürfte mit größter Wahrscheinlichkeit das typisch Unbelebte der Natur richtig bezeichnet sein. Insbesondere gilt das für das Unbelebte der vom Menschen unberührten Natur. Die vom Menschengeist nicht umgeformte unbelebte Natur hat offensichtlich keinerlei Beziehungen zu einem Bewußtsein. Vorsichtiger ausgedrückt: Die für die Physik typischen Gegenstände ihres Erkennens verraten keinerlei Symptome, die auf das Vorhandensein eines Bewußtseins hinweisen.

Die vom Menschen umgeformte unbelebte Natur — insbesondere die Maschine — ist zwar vom menschlichen Bewußtsein beeinflußt; doch keine der bisher verwirklichten Maschinen weist Leistungen auf, die auf ein eigenes Bewußtsein (Sichgewahrsein) in den Maschinen schließen lassen. Aus der bisherigen Technik und Physik ergeben sich auch keine theoretischen Anhaltspunkte für die konstruktive Entwicklung eines eigenen Sichgewahrseins der Maschinen. Das Fehlen des Ichbewußtseins in den Maschinen wird auch von den Kybernetikern anerkannt, die mit dem Begriff „Bewußtsein der Maschinen" sehr großzügig umgehen (vgl. *Günther*, G.: 31; 1957). Die Tatsache, daß Maschinen Leistungen vollbringen, die in früheren Zeiten ausschließlich Vorgängen im menschlichen Bewußtsein vorbehalten waren (Sortieren, Rechnen, „Problemlösen" usw.), belegen keineswegs das Vorhandensein eines Bewußtseins in den Maschinen. Es ist vielmehr — auch technisch-konstruktiv — bezeichnend, daß Maschinen das Bewußtsein überhaupt nicht benötigen, um solche Leistungen zu erzielen.

2. Die nichtbewußten Voraussetzungen des Bewußtseins

Die bei früheren Gelegenheiten wiederholt beiläufig erwähnten dienstbaren Stoffe und Energien, Formen und Funktionen in den lebendigen Organisationen des Leibes und speziell des Nervensystemes sind unerläßliche Voraussetzungen des Bewußtseins, die jedoch selbst nicht bewußt werden. Es ist sogar sehr wahrscheinlich, daß das Nichtbewußtbleiben dieser bewußtseinsdienlichen Stoffe und Funktionen eine wichtige Voraussetzung dafür ist, daß sie das Bewußtsein ermöglichen. Es ist daher anzunehmen, daß sie die Existenzform des Bewußtseins als eine besondere Funktionsweise der lebendigen *Natur* so sehr beeinflussen, daß z. B. das Fehlen bestimmter Stoffe oder die Unterbrechung bestimmter Energiezugänge oder die Veränderung des Systemes der bewußtseinsdienlichen Funktionen und Organisationen auch eine Veränderung der Erscheinungsweise des Bewußtseins hervorrufen. Das ist u. a. auch für die Frage Bewußtsein und Gesundheit von Bedeutung. Hier soll zunächst die Tatsache beachtet werden, daß vom Bewußten her die Stoffe und Energien nicht zu „erkennen" sind, die dieses Bewußtsein gewährleisten. Die bewußtseinsdienlichen Stoffe und Energien werden nicht bewußt. Sie bleiben unsichtbare Sklaven. Das ist — allerdings unabhängig von der Bewußtseinsfrage — auch in den Nachrichtenmaschinen ähnlich: Wir sehen das Bild auf dem Bildschirm, empfangen Nachrichten, aber wir sehen z. B. nicht die elektrischen Wellen, die diese Nachrichten übertragen.

Nicht bewußt bleiben die Leibesfunktionen, die dem organischen „Automatismus" dienen. Die Entwicklungs- und Wachstumsvorgänge vollziehen sich, nahezu ohne daß vom Bereich des Sichgewahrseins her eine Einsicht in diese Vorgänge möglich wäre. Die Signalisierungen im vegetativen Nervensystems sind gleichfalls einer bewußten Einsichtnahme nicht zugänglich. Das bewirkt zugleich eine relative Unstörbarkeit des leiblichen „Automatismus", die nur in Sonderfällen (z. B. der Furcht oder der Freude) partiell durchbrochen wird (Herzklopfen, Erröten usw.). Von einem bewußten Einbruch in den vegetativen Automatismus kann also nur in sehr eingeschränktem Sinne gesprochen werden. Sieht man von den Nachteilen aller Generalisierungen ab, z. B.

von dem Mangel an individueller oder situationsgemäßer Anpassung, so kann der vegetative „Automatismus" als eine biologisch zweckmäßige, d. h. lebensdienliche Einrichtung bezeichnet werden.

J. Das Indirektbewußte

1. Das Unbewußte als Latenz

Das Unbewußte als das Indirektbewußte, welches an seinen Wirkungen im Sichgewahrsein bemerkbar wird, können wir auch als das im (bewußtseinszugänglichen) Seelenleben verborgen Wirksame bezeichnen. Obzwar es nur mit Hilfe des Bewußtseins erschlossen wird, sollte es nicht als rein gedankliche Konstruktion bezeichnet werden. Zwar ist die Differenzierung dieser ohne jener Wirkungen aus dem Unbewußten — wie die Meinungsverschiedenheiten und die vielen Schulen auf diesem Gebiete beweisen — sehr von gedanklichen Konstruktionen abhängig, doch ist das kein Beweis dafür, daß die Mitwirkung des Indirektbewußten selbst in Frage stünde. Die Beziehungsrealität der Mitwirkung zumindest des zeitweise Unbewußten dürfte etwa im Falle des Sicherinnerns kaum bezweifelt werden können. Ob allerdings das Unbewußte jener große Wundertopf ist, aus dem alles das hervorgeht, was aus Bewußtseinsvorgängen nicht verstehbar ist, muß sehr in Frage gestellt werden. Ebensowenig ist das Unbewußte oder Unterbewußte etwas prinzipiell Geringwertigeres als das Bewußte; vielmehr gilt:

„Bewußtsein und Unbewußtes stehen im Ganzen des Daseinsvollzuges in einem *komplementären* Verhältnis. Sie sind prinzipiell gleichrangig" *(Pongratz, Ludwig J.: 252; 1967).*

Das schließt allerdings nicht aus, daß etwa in Gefühlsangelegenheiten Unbewußtes näherstehend und wertbestimmender ist, während in Verstandesfragen das Bewußtsein notwendiger sein dürfte. Mehr als solche Rangfragen — die nicht unwichtig sind — interessiert hier die funktionale Unterschiedlichkeit, die zwischen dem Bewußten und dem Unbewußten sicher existiert.

Pongratz (253; 1967) schlägt vor, das Unbewußtsein als Latenz aufzufassen und sieht darin eine These, die ihm untersuchungsbedürftig erscheint. Er erinnert insbesondere an zwei auf das Bewußtsein bezogene Funktionen, wie sie sich etwa aus der Wortbedeutung von „verbergen" herleiten lassen:

a) *Verbergen = aufbewahren*

Beispiele:

Unbemerkt Aufgenommenes kann zu einem späteren Zeitpunkt das Verhalten beeinflussen.

Das *Gedächtnis* als „historische Reaktionsbasis" wirkt in die Bewußtseinsvorgänge hinein.

Aus der Stammesgeschichte herkommende Einflüsse (das phylogenetische Unbewußte) bewahren dem Individuum die Güter seiner Art und Sippe.

b) *Verbergen = schützen*

Beispiele:

Die Latenz sichert und schützt das Erleben, Verhalten und Handeln vor dem verstellenden, störenden Einfluß des Bewußtseins.

Die Latenz ist bergendes Asyl, ein Akt des Selbstschutzes, z. B. vor peinlichen, schmerzlichen Erlebnissen.

(Sinngemäß gekürzt nach *Pongratz*, Ludwig J.: 252/3; 1967)

Die Anwendung des Begriffes der Latenz für das Unbewußte oder Unterbewußte ist insbesondere im Gefolge der Psychoanalyse (Verdrängung peinlicher Erlebnisse; latenter Trauminhalt usw.) üblich geworden. Bei früherer Gelegenheit habe ich mich wiederholt darum bemüht, die *naturgegebenen* Vorbedingungen der Latenz aufzuzeigen *(Meinecke*, G.: 14 ff., insbesondere das Kapitel: „Die ganzheitliche Latenz", S. 21 f.; 1937; 127; 1939; „Unterschiede der Latenz", S. 278; 1961; 22; 1966). Ohne dabei selbst in den Fehler zu verfallen, Veranschaulichungen des Bewußten in unbelebten Vorgängen zu suchen, schien es mir erforderlich zu sein, auf die Tatsache der indirekten („verborgenen") Mitwirkung gewesener Ereignisse auch im Unbelebten hinzuweisen. Dieses Indirektwirksame ist mit dem Indirektbewußten durchaus nicht identisch, aber es ist zu fragen, ob es das Indirektbewußte in der belebten Natur gäbe, wenn das Indirektwirksame nicht in der Natur überhaupt vorgegeben wäre. Es sei gestattet, die wichtigsten meiner früheren Ausführungen hier — erheblich gekürzt — zu wiederholen.

Das Indirektwirksame im Unbelebten:

Beispiel: Zwei unterschiedliche Münzen, etwa ein 1-Pfennig-Stück und ein 2-Pfennig-Stück, werden in eine Säure getan und durch diese allmählich aufgelöst. Das dabei wirklich stattfindende Veränderungsgeschehen läßt sich folgendermaßen charakterisieren:

Die einzigartigen Eigenheiten der Münzen werden durch die ebenfalls einzigartigen Energievorgänge der Säurewirkung in unvertauschbarer Weise „verdrängt". In dem jeweiligen Veränderungsresultat, das sich für jede Münze ergibt, wird aber die ursprünglich gewesene Eigenheit der einen wie der anderen Münze *nicht aus der Welt geschafft*. Im Gegenteil: Infolge der Einzigartigkeit des Veränderungsweges verweist das Veränderungsergebnis auf absolut jede geringste Eigenart der Ausgangssituation, auch auf Feinheiten wie etwa vorhanden gewesene Schrammen usw.

Diese *unverlierbaren* Herkunftsbeziehungen bleiben allerdings unserem beobachtenden Auge verborgen, sie sind *indirekt wirksam*.

Dieses Indirektwirksame ist keine Mystifikation, sondern eine reale Naturgegebenheit. Es ist die konsequente Anwendung des strengen Prinzips der Lückenlosigkeit und Unvertauschbarkeit der Kausal-(= Herkunfts-)Beziehungen. Der Satz von *Leibniz* (S. 146; Ausg. 1924): „Es gibt keine zwei ununterscheidbaren Einzeldinge" wird sinngemäß auf Energievorgänge und Veränderungen angewendet.

Ergänzend sei auf den Abschnitt: Die immaterielle Beziehungsrealität des Naturgesetzes verwiesen.

Das Indirektmächtige in der Vererbung

Beispiele: Besonders sind hier diejenigen Entwicklungsvorgänge im Organischen mit ihren indirektwirksamen Direktiven der ererbten Entwicklungsziele exemplarisch, die einen erheblichen Formwandel durchmachen (Metamorphose der Insekten, Krebse und Lurche, Formwandel der Einzelzelle z. B. bei Penicillineinfluß u. dgl.), wobei die jeweiligen Zwischenstadien alle ihre Funktionen und Formen nahezu voll für die jeweiligen Gegenwartsaufgaben einsetzen.

Das Indirektbewußte

Beispiel: Bei dem Versuch, uns in einer Stadt zu orientieren, die wir vor sehr langer Zeit nur ein- oder zweimal in unserem Leben besuchten, spüren wir, daß wir von Erinnerungsresten mitgesteuert werden, die uns nicht voll bewußt sind.

2. Die unterschiedlichen Herkünfte des Indirektbewußten

James Groer *Miller* hat einen Katalog von sechzehn Bedeutungen des Unbewußten zusammengestellt:

1. *unbewußt* = unbelebt
2. = nicht seelisch
3. = (physiologisch) konditioniert
4. = geistesabwesend
5. = nicht unterscheidend
6. = nicht empfunden (Unterschwelliges)
7. = unbemerkt, unbeachtet

8. = ohne Einsicht
9. = unerinnert, vergessen
10. = instinktiv, vererbt (nicht erlernt)
11. = unerkannt
12. = ungewollt
13. = nicht mitteilbar
14. = ignoriert
15. = verdrängt
16. = unreflektiert, innerlich nicht wahrgenommen.

Ludwig P. *Pongratz* (184; 1967) hat in seiner Problemgeschichte des Bewußtseins, auf die hier verwiesen sei, nähere Erläuterungen und Ergänzungen hierzu gegeben. Ganz richtig vermerkt er:

„Die Bedeutungen des Begriffes ‚unbewußt' sind systemgebunden; sie kovariieren mit den verschiedenen Standorten."

Auch je nach der Schärfe der Unterscheidungsabsichten ergeben sich Unterschiede und Ergänzungen der obigen Liste:

unklar, ungeübt, triebhaft, vital, geistesblind, mechanisch, automatisiert, dispositionell, sperrend, verwirrend, spontan, ichfern, außerpersönlich...

Insbesondere sind zu beachten die *organisierenden* Tendenzen: gestaltbildend, ökonomisch, bewältigend, einbürgernd, ordnend, determinierend, perseverierend, weiterdrängend...

Die Zwischenexistenz des Indirektbewußten

Es hat sich wohl bei den meisten Bewußtseinsforschern die Auffassung durchgesetzt, daß das Seelische mehr umfaßt als das, was im Bewußtsein ist.

Es läßt sich weiterhin wahrscheinlich machen, daß das Bewußte aus sich heraus nicht existenzfähig ist. Wie schon näher ausgeführt wurde, muß es von Stoffen und Funktionen gewährleistet werden, die selbst unbewußt sind. Darüber hinaus sind die ideenartigen Inhalte des Bewußtseins so geartet, daß sie erst durch indirektbewußte Zwischenexistenzen ihren eigentlichen „Halt" erlangen. Das Bewußtsein *bedarf* des Indirektbewußten, damit seine Inhalte nicht wie wesenlose Schattenexistenzen erscheinen.

Da die hierbei zwischenwirksame Latenz ein ziemlich *allgemeines* Wesensmerkmal des Bewußten ist, das merkwürdigerweise in der Bewußtseinsliteratur kaum dementsprechend beachtet wird, ist es wohl angebracht, anstelle der standortabhängigen Bedeutungsvielfalt des

Wortes „unbewußt" diese bewußtseinsmitbedingte Rolle des Unbewußten näher zu erläutern.

Wir erinnern uns hierbei der *Zusammenfassungskunst* des Lebendigen, die im Bereiche des Bewußtseins eine besonders vollendete Ausbildung erfahren hat. Diese ermöglicht das Verfahren, *zu kürzen, ohne Lücken zu reißen.*

Im Biologischen wird dieses lückenfreie Kürzungsverfahren durch das biogenetische „Grundgesetz" dargestellt, demzufolge die frühe Individualgeschichte eine kurze Wiederholung der Stammesgeschichte ist (F. *Müller*, 1864; E. *Haekkel*, 1866). (Auch wenn dieses „Gesetz" neuerdings erheblich eingeschränkt wird — vgl. *Blechschmidt*, Erich: 50; 1968 — so kann es doch in dem hier gemeinten Sinne noch als Beispiel gelten.)

Im Psychologischen ist jede Erinnerung eine Art Zeitraffer. Erinnern wir uns an einen Roman, den wir früher einmal gelesen haben, so vergegenwärtigen wir uns meistens das Gerüst seiner Handlung, vielleicht auch dieses oder jenes Handlungsbild, doch müssen wir uns nicht an jedes Wort erinnern.

In der *Praxis* des lückenfreien Kürzungsverfahrens gibt es zwar „Ausfallerscheinungen", also Strecken, Bereiche, Zeitspannen usw., die quasi wegfallen. Doch das ist hier nicht entscheidend. Das lückenfreie Kürzungsverfahren *verdrängt* das zu Kürzende lediglich, läßt dieses indirekt und noch indirekter mitwirkend bleiben. Entscheidend ist diese Verfahrensweise, nicht der in jedem Falle absolute Effekt gänzlichen Freiseins von „Lücken".

Allerdings wäre in diesem Zusammenhange daran zu erinnern, daß es zwei Grundtypen der Abstraktion gibt. Die eine ursprünglichere ist jene *ganzheitstypische Abstraktion*, die mit ganzdurchwirkten Kürzungen operiert, wie es in den obigen Beispielen, auch im biogenetischen „Grundgesetz", veranschaulicht wird. Ihr negatives Extrem ist die *Verschwommenheit*.

Die *komplextypische Abstraktion* sucht den Weg formaler Vereinfachungen, Schematisierungen, „atomistischer" Weglassungen, „Mechanisierung", „Automatisierung", „Mathematisierung" usw. Ihr negatives Extrem ist die *Verarmung*.

Ergänzend sei auf das Kapitel: „Typen des Erkennens" verwiesen.

Zwar ist das Wesen des Bewußtseins — wie bei früherer Gelegenheit schon einmal erläutert wurde — nicht durch die Direktwirksamkeit allein gekennzeichnet. Es gibt sehr wirksame unbewußte Nachrichtenvorgänge in uns. Wohl aber ist die Indirektwirksamkeit, sofern sie sich auf Bewußtseinsfähiges bezieht, zugleich ein Schritt zum Indirektbewußten. Bewußtes ist vor dem Forum des Ichs Ermächtigtes. Wir nannten dieses auch Geltungsermächtigtes:

Beispiel: So etwa wie ein Filmstar durch eine Zeitung zur Geltung gebracht wird, so auch das Bewußte. Dazu bedarf es bestimmter Hervorhebungen und Vernachlässigungen. Was durch die Zeitung nicht bekannt wird, ist aber trotzdem da; die „Verbindungsfäden" zur weiteren Wirklichkeit sind nicht abgeschnitten.

Das Indirektbewußte ist also etwas Geltungsvernachlässigtes, aber nicht unbedingt Unwirksames. Es bedarf des belebten Leibes und seiner Stoffe und Energien als Träger; es besteht kein Anlaß, das Unbewußte als etwas Mystisches aufzufassen.

Keineswegs bedeutet das allerdings, daß das Unbewußte ein mechanischer Automatismus u. dgl. wäre. Zwar hat insbesondere *Freud* im Zusammenhang mit Problemen des Bewußten und Unbewußten von Apparaten und Mechanismen gesprochen und es wird ihm oft nachgesagt, er sei ein „Mechanist" gewesen; *doch hat gerade Freud die Psychologie an Tatbestände herangeführt, die mit Hilfe auch der neuesten Maschinentheorien ganz und gar nicht begreiflich sind.* Schon seine Vorliebe für exemplarische Gleichnisse und die Tatsache, daß diese von Nichtmechanisten viel zitiert worden sind, verweisen auf ein ganz anderes Konzept:

„Das Ich repräsentiert, was man Vernunft und Besonnenheit nennen kann, im Gegensatz zum Es, welches die Leidenschaften enthält. Dies alles deckt sich mit allbekannten populären Unterscheidungen, ist aber nur als durchschnittlich oder ideell richtig zu verstehen.

Die funktionelle Wichtigkeit des Ichs kommt darin zum Ausdruck, daß ihm normalerweise die Herrschaft über die Zugänge zur Motilität eingeräumt ist. Es gleich dem Reiter, der die überlegene Kraft des Pferdes zügeln soll, mit dem Unterschied, daß der Reiter dies mit eigenen Kräften versucht, das Ich mit geborgten.

Dieses Gleichnis trägt ein Stück weiter. Wie dem Reiter, will er sich nicht vom Pferd trennen, oft nichts anderes übrig bleibt, als es dahin zu führen, wohin es gehen will, so pflegt auch das Ich den Willen des Es in Handlung umzusetzen, als ob es der eigene wäre" *(Freud,* Sigm.: Das Ich und das Es, in: Ges. Werke XIII; 253; Ausg. London 1947).

Zu den zeitlos gültigen Entdeckungen *Freuds* gehört es, die Mitwirkung latenter Bedeutsamkeiten im Traum und in der Neurose nachgewiesen zu haben. Gegen die heute üblichen Vorstellungen von der Mitwirkung schablonenartiger Dispositionen nach Art der Matrizen in Computern sprechen die seit Bestehen der Psychoanalyse an zahlreichen Beispielen erwiesenen Tatsachen der *Mehrschichtigkeit der Latenz*. Schon im einfachen Erinnern demonstriert sich unserer Selbstbeobachtung dieses Prinzip: Hinter dem klar Erinnerten steht noch unzählig viel Zugehöriges, aber gleichwohl verschiedensten Bereichen Angehöriges als Indirekt- und sehr Indirektbewußtes an. Es ist schwierig, hierfür ein physikalisches Modell zu finden. Denkt man etwa daran, daß wir bei Einstellung einer bestimmten Wellenlänge unseres Radioapparates oft auch andere Wellen mithören, so zeigt dieses Beispiel, daß unsere Erinnerung doch anders verfährt. Das bei Erinnerungen latent Anstehende klingt im Sinne *ideeller* Verwandtschaften und Zusammengehörigkeiten an. Diese ermöglichen eine sich gleichzeitig vielströmig durchdringende und doch nicht beliebig vermengende Zugänglichkeit, eben jene unnachahmliche strukturierte Hintergründigkeit, die durch das Nebeneinander mitgehörter Wellenlängen ganz und gar nicht veranschaulicht werden kann. Vornehmlich gilt das für die in der vitalen Ganzheit der Person verwurzelten Bildoriginale der Traumhandlung. Auch die unterbewußten Trieb„mechanismen" sind Machtäußerungen *lebendiger* Systeme und als solche nicht unmittelbar aus unlebendigen Maschinensystemen ableitbar.

3. Indirektbewußte Strukturbedingungen

Vergleichen wir Wach- und Traumbewußtsein miteinander, so fällt uns auf, daß das Traumbewußtsein — was die Eindringlichkeit des Erlebens anbetrifft — dem Wachbewußtsein gegenüber nicht benachteiligt ist. Wohl aber geht es — einfach gesagt — im Traumbewußtsein offensichtlich „unordentlicher" und weniger diszipliniert zu als im Wachbewußtsein. Bevor *Freud* die Träume wissenschaftlich zu deuten und zu verstehen lehrte, waren Träume Schäume. Ja, allen psychoanalytischen und sonstigen Deutungen zum Trotz sind sie das zu erheblichem Teil auch heute noch. Das Phantastische, Bizarre, Koboldhafte und Verworrene im Traum entzieht sich unserer Deutung auch dann noch, wenn latente Traumideen erkannt sind, die der Traumhandlung eine gewisse Gliederung verleihen.

Es ist sehr wahrscheinlich, daß die herabgesetzte Funktion des Zentralnervensystems, wie sie der Schlafzustand mit sich bringt, für die veränderten Strukturbedingungen mitverantwortlich ist, die das Traumgeschehen bestimmen. Exemplarische Strukturbedingungen, die sonst die Handlung im Bewußtsein stabilisieren, gelangen dann nicht mehr voll zur Auswirkung, so daß es zu erheblichen Strukturverlagerungen kommen muß. Erinnern wir uns zunächst an einige

J. Das Indirektbewußte

Exemplarische Strukturbedingungen im Bewußtsein

Wahrnehmungsökonomie (z. B. die Gestalt„gesetze")
Bewältigungshilfen
Unterscheidungsschärfe
Horizontweite des Vor- und Umgriffes
Zusammenfassungskonsequenz
Durchhaltevermögen
Verantwortlichkeitsstabilität

Berücksichtigen wir sodann, daß diese nicht nur aus den Bedingungen einer etwa autonomen geistigen Existenz zu begreifen, sondern mitbedingt aus bewußtseinsdienlichen Funktionen sind, die selbst nicht bewußt werden, so wird jener Verlust an Disziplin verständlich, wie ihn die herabgesetzte Funktion des Nervensystemes bewirkt. Doch diese ist nur ein Beispiel dafür, daß auf solchen oder ähnlichen Wegen Strukturverlagerungen entstehen können. Selten kommt es bei den noch bewußtseinszugänglichen Traumhandlungen zu gänzlicher Disziplinlosigkeit. Grundsätzlich ist ohnehin zu beachten, daß es sehr verschiedene Formen der Gliederung gibt und daß die verstandesgelenkte nicht die einzige Form ihrer Diszipliniertheit ist.

Zweifellos ist z. B. die Struktur oder Gliederung einer wissenschaftlichen Abhandlung anders als die etwa eines Romanes. *Keineswegs heißt das aber, daß die eines Romanes oder eines anderen Kunstwerkes weniger streng sein dürfte als die einer wissenschaftlichen Beweisführung!*

So gibt es die komplexergänzende wie die ganzheitstypische Strenge. Es gibt die technische Präzision z. B. der Meßgenauigkeit, aber es gibt auch die organische Präzision z. B. der strengen Abhängigkeit von der Artspezifität und es gibt sogar die Strenge der überaus feinen Abgewogenheit von Stimmungen z. B. im künstlerischen Bereich.

Jede Art von Strenge kann zu Verhärtungen führen, und zur Überwindung solcher Verhärtungen kann eine zeitweise Auflockerung durch herabgesetzte Bewußtseinszustände zu positiven Umstrukturierungen beitragen, wie sie in der Psychologie des produktiven Denkens viel beachtet worden sind.

4. Schöpferische Macht des Unbewußten

Otto *Kankeleit* hat 1958 eine ergänzte Neuauflage seines Buches: „Die schöpferische Macht des Unbewußten" vorgelegt, in der er eine

4. Schöpferische Macht des Unbewußten

große Zahl von Selbstdarstellungen produktiv Schaffender (Forscher, Gelehrte, Schriftsteller, Dichter, Architekten, Maler, Bildhauer, Schauspieler, Dirigenten und Komponisten) wiedergibt, die über Einzelheiten ihres Schaffens berichten. Bis auf wenige Ausnahmen wird von diesen die Bedeutung des Unbewußten beim schöpferischen Vorgang bejaht. Mit Recht betont *Kankeleit* (185; 1958) in seinem Schlußwort, daß das Schöpferische kein Privileg bestimmter Menschen ist:

„Wir können alle schöpferisch sein, doch wir versperren durch unsere unangepaßte Kritik den schöpferischen Kräften in uns den Weg zu ihrer Entfaltung. Ich sehe täglich in meiner Praxis Menschen mit verkrampftem Bewußtsein, mit allen Anzeichen einer mangelnden Entspannung, die sich in nervösen Störungen äußert, in Angst, Zwang, Verstimmung, Störungen des Schlafes.

Wenn bei ihnen eine Lösung der Überspannung herbeigeführt wird, dann werden mit einem Schlage die Einfälle und Phantasien flüssiger, sie erwachen aus der Erstarrung..." *(Kankeleit, Otto: 185; 1958).*

Der hier angezeigte Tatbestand der *Umstrukturierung* ist in Psychologien des produktiven Denkens viel beachtet worden. Insbesondere sind *Dunckers* Begriffe der „Disponibilität", des „Thematischwerdens" und der „Umzentrierung" hier zu nennen. *Wertheimer* verweist außerdem auf Begriffe wie „Transponierung", „Umordnen", „Umschlagen", „Umspringen", „Umgruppierung", „Vertiefung" usw. *Behn* spricht von „kernströmigen Bildern", und ich selbst habe auf die Bedeutung von „Umschmelzungen", „Durchbrechungen von Gewohnheitsstrukturen" und auf „Existenz feingezügelter Gestalten zwischen ausgeprägter und unausgeprägter Differenzierung" verwiesen *(Meinecke, G.: 89; 1939).*

Allerdings: Umstrukturierungen und Umschmelzungen allein bedingen noch nicht die Gelungenheit des Schöpfungsvorganges. Eine Umzentrierung oder Verrückung der Existenz finden wir auch in allen Fällen des Informations- und Personalitätszerfalles bei krankhaften Vorgängen. Krankheiten können zwar den seelischen Umschmelzungsvorgang begünstigen und Auflockerungen herbeiführen; aber sie allein machen kein Genie.

Die Auflockerungen — wie und wo immer sie zustande kommen mögen, im Unbewußten wie im Bewußten — sind im produktiven Schaffensvorgang nur die Voraussetzungen für die Freilegung *feingestimmter Zügelungen*. Es kann sein, daß zu bewußtes, zu sehr konstruktives Wollen den Zugang zu solchen Feinstrukturen verbaut; es kann aber auch sein, daß es diesen Zugang freikämpft. Es wird daher erforderlich sein, die den jeweils vorliegenden Schaffensaufgaben entsprechenden Chancen aufzuspüren, die entweder vom Bewußten oder vom Unbewußten oder von einem Zusammenwirken beider Bereiche geboten werden.

Das *radikal Unbewußte* hat — wenn man an die stammesgeschichtliche Entwicklung des Lebens und seiner Formen denkt — durchaus eine Beziehung zum Schöpferischen. Allerdings hat es Millionen von Jahren Zeit gehabt, um seine „Erfindungen" und „Entdeckungen" zu machen. Wie immer man sich die Entstehung neuer Arten vorstellen mag, an der Höherentwicklung des Lebens selbst wird kaum gezweifelt. Diese aber setzt eine unbewußte Findigkeit im Erringen jeweils höherer Positionen voraus, mag sie durch Selbstertüchtigung oder Fremdertüchtigung (begünstigende Zufälle) erzielt worden sein.

Unabhängig von dieser stammesgeschichtlichen „Findigkeit", die problematisch bleiben wird, weil wir die Stammungsgeschichte nicht wiederholen können, gibt es im unbewußt Organischen die *instinktive Findigkeit*, die effektiv Lösungen „findet", ohne daß dazu ein Bewußtsein erforderlich wäre. Noch mehr: Infolge der „Handgemeinschaft" des Prinzips: Erfolg oder Mißerfolg mit den innerorganischen Gegebenheiten, gibt es für die unbewußten Systeme des Organischen den Vorteil der Unmittelbarkeit. Kurz gesagt: Das Organische kann biochemische „Probleme" lösen, ohne etwas von Chemie begriffen zu haben. Das Organische kann daher auch viel unmittelbarer „experimentieren" als ein Wissenschaftler; es ist zwangsläufig *naturverbundener*, wirklichkeitsgebundener als dieser.

Das *indirekt Bewußte* kann in glücklichen Fällen als eine Art Brücke zur „instinktiven Findigkeit" dienen. Es durchbricht sozusagen ein zu krampfhaftes Wollen; es verweist den Schaffenden zeitweise in die Rolle des Untertanen (vgl. die Selbstzeugnisse bei *Behaghel* — 1906 — und *Giese* — 1924 —). Doch gibt es im Bereiche des Bewußten nicht nur starre Vorsätzlichkeit, sondern auch hier Anpassung und Unterwerfung, z. B. unter die Macht der Realität. Diese Haltung hat z. B. die Entwicklung der Naturwissenschaften und der Technik sehr begünstigt. Allerdings bindet sich der vornehmlich im Wachbewußten geübte Scharfsinn zu leicht an Gewohnheitsstrukturen, an Regeln der traditionellen Logik, an Kombinatorik und systemhafte Abstraktion.

Es läßt sich nicht in einer knappen Formel festlegen, was die Wesensart des produktiv Schaffenden ausmacht. Neben der schöpferischen Macht des Unbewußten gibt es die ebenso schöpferische Macht im Be-

4. Schöpferische Macht des Unbewußten

wußten. Oft oszilliert der produktive Schaffensvorgang zwischen Tiefsinn und Scharfsinn, zwischen Intuition und Kritik. Gelegentlich nimmt die Selbstkritik gerade bei intuitiv schaffenden Künstlern beinahe selbstzerstörerische Formen an. Zweifellos kann eine organisch bedingte Auflockerung zeitweise einen schöpferischen Vorgang begünstigen, doch keineswegs mit Sicherheit gewährleisten. Die eigentliche Gelungenheit existiert zwischen den Extremen, allerdings nicht als Mittelwert, sondern eben als gekonntes Errungensein. Zuviel (nüchterner) Scharfsinn führt zur Erstarrung und Phantasielosigkeit, zuviel (tiefsinnige) Intuition zur Auflösung und Verschwommenheit.

K. Mächte der Ersatzstrukturen

1. Die Ersatzstabilisierungen in der Traumhandlung

Das Wachbewußtsein ist gemeinhin gekennzeichnet durch die in ihm optimal entwickelte Fähigkeit der scharf umrissenen Differenzierung, des Herbeizitierens weitstreckiger Beziehungen, des Durchhaltens, der Fähigkeit, Wünsche in Schach zu halten, Normen zu respektieren, Leidenschaften zu zügeln, Voraussicht zu pflegen und Kritik zu entwickeln. Das Wachbewußtsein, so könnte man auch sagen, ist der Ort der Vernunft; doch sollte man ergänzend hinzufügen, daß es auch der Ort des klaren Willens wie auch der der geordneten Gefühle, daß es also nicht auf den kognitiven Bereich beschränkt ist. Es liegt nahe, daß diese relativ geordneten Verhältnisse der wachbewußten Geltungsermächtigung u. a. von der vollen gesunden Funktion des Zentralnervensystemes abhängen, da der Traum als Begleiterscheinung der herabgesetzten Funktion des Nervensystemes solche Ordnungsfaktoren teilweise vermissen läßt. Während des Schlafes sind die zentralnervösen Energiesklaven mehr auf die Erneuerung als auf die optimale Anwendung ihrer bewußtseinsdienlichen Funktionen bedacht. Sie sind sozusagen „anderweitig beschäftigt".

Es ist begreiflich, daß in einem solchen Zustand Mächte an Einfluß gewinnen, die im Wachbewußtsein in Schach gehalten wurden. Das bedeutet eine erhebliche Umstrukturierung des Bewußtseinsinhaltes wie auch seiner Gliederung. Damit überhaupt ein Bewußtsein, eben das Traumbewußtsein, noch möglich ist, muß eine Art Ersatzgliederung, Ersatzorganisation und -ordnung stabilisierend eingreifen.

An die Stelle der wachbewußten Stabilisationsfaktoren treten etwa folgende Ersatzmächte:

    Tagesreste der Erinnerung
    Leibreize
    Triebgesteuerte Wünsche (Geschlechtstrieb, Hunger, Geltungsbedürfnis, Eroberungstrieb)
    Assoziationen der Nähe, großzügige Ähnlichkeiten
    Auffälligkeiten

1. Die Ersatzstabilisierungen in der Traumhandlung

Eindringlichkeiten (Ängste, Nöte, Ausweglosigkeit)
Anschauliches, Bilder, Melodien
Schnellfertige Wunscherfüllungen
Weiterdrängendes (Unerledigtes, Perseverationen)

Freud lehrte:

„*Der Traum ist die (verkleidete) Erfüllung eines (unterdrückten, verdrängten) Wunsches*" (Freud, Sigm.: 141; Ausg. 1961). Er zitiert dazu den Dichter C. *Spitteler*, der eine hiermit fast identische Formel für das Wesen des Traumes fand: „Unbefugtes Auftauchen unterdrückter Sehnsuchtswünsche unter falschem Antlitz und Namen."

Freud sieht in der *Traumentstellung* einen Akt der Zensur. Es soll etwas verkleidet, maskiert werden, was dem „Licht der Öffentlichkeit" nicht ungefährdet ausgesetzt werden kann. *Freud* konnte dafür sehr viele Beispiele und Belege erbringen. Seine Ansicht hat gewiß sehr viel für sich. Es ist in diesem Zusammenhange gleichfalls zu beachten, daß der Traum im allgemeinen scharfsinnige und weitstreckige Gedankenentwicklungen nicht durchzuhalten vermag. Die sonst im Wachbewußtsein geübte Kritik wird im Traum nicht nur deshalb vernachlässigt, weil sie wunschwidrig, triebgegnerisch usw. ist, sondern weil die Aufwendung seelischer Energien für weitstreckige Beziehungen des kritischen Denken aus u. a. physiologischen Gründen des „anderweitigen Beschäftigtseins" der bewußtseinsdienlichen Energiesklaven während des Schlafes behindert ist. Das Traumdenken macht es sich daher bequem; es besorgt sich seine Stabilisierungen aus näherliegenden Bereichen und begnügt sich mit großzügigen Ähnlichkeiten und Bildern. So läßt sich die Traumentstellung u. a. durch Einwirkung von Leibreizen nachweisen. *Siebert* (1934) hat dafür instruktive, experimentell provozierte Belege erbracht.

In diesem Zusammenhange mag interessieren, daß ein Dichter der jüngeren Romantik, also lange vor *Freud* und *Siebert*, den Leibreiztraum im Prinzip zutreffend geschildert hat. In seiner Erzählung: „Aus dem Leben eines Taugenichts" läßt Joseph Frhr. v. *Eichendorff* 1826 den Helden seiner Erzählung einen solchen Leibreiztraum träumen, bevor dieser von dem *lauten Geschimpfe und Gepolter* eines Bauern aufwacht. Der Müllerssohn, der vor dem Einschlummern an seines Vaters Mühle und „an den Garten der schönen gnädigen Frau" dachte, träumte zunächst von dieser Mühle und von der schönen Frau und ihren Liedern, und er sah dabei ihr Bild im Weiher: ... „noch viel tausendmal schöner, aber mit sonderbar großen Augen, die mich so starr ansahen, daß ich mich beinahe gefürchtet hätte. — Da fing auf einmal die Mühle, erst in einzelnen langsamen Schlägen, dann immer schneller und heftiger an zu gehen und zu brausen, der Weiher wurde dunkel und kräuselte sich, die schöne Frau wurde ganz bleich, und ihre Schleier wurden immer länger und länger und flatterten entsetzlich in langen Spitzen wie Nebelstreifen hoch am Himmel empor; das Sausen nahm immer mehr zu, oft war es, als bliese der Portier auf seinem Fagotte dazwischen, bis ich endlich mit Herzklopfen aufwachte. (Jos. Frhr. *v. Eichendorff:* 28; Ausg. 1963, Reclam.)

Es ist denkbar, daß bei solchen symbolhaften Verwandlungen nicht nur verdrängte „Sehnsuchtswünsche unter falschem Antlitz und Namen" *(Spitteler),* Tarnungen bis zum „unverständlichen Gemurmel" *(Freud)* im Sinne einer Zensur, sondern ganz einfach Gestaltauflösungen im Zuge der ungenauen Differenzierung infolge herabgesetzter Funktion und Trennschärfe des Nervensystemes maßgebend oder mitbestimmend sind. Gibt es doch Gestaltauflösungen und ähnliche Auflösungserscheinungen auch bei den organisch bedingten Geisteskrankheiten. Deswegen muß nicht sogleich an „apparative Ungenauigkeiten" gedacht werden. Die gesunde Funktion des Nervensystemes ist mehr als ein gut funktionierender Apparat. Die schon früher erwähnte Tatsache der Unterlagerung der Traumhandlung durch mehrere Traumideen widerspricht allen Maschinentheorien in diesem Bereich. Vielmehr handelt es sich hierbei um ein typisches Verfahren der Ersatzsicherung.

Exemplarisch für solche Ersatzsicherungen ist das Verhalten eines Lügners, der unbewußt mehrere Ersatzbegründungen für sein unehrliches Verhalten heranzieht. Entschuldigt sich etwa jemand, der nicht zu einer Verabredung kommen wollte, damit, daß er länger im Büro arbeiten und seinem jüngeren Bruder bei den Schularbeiten helfen und wegen seines kranken Vaters ohnehin zu Hause bleiben mußte, so demonstriert dieser das Prinzip: Viele Gründe für einen.

Die (latenten) Traumideen sind durchweg Ideen von dynamischer Art. Genau genommen ist jede Idee in uns dynamisch. Ideen sind Bedeutsamkeiten. Sie sind immer mehr oder weniger „tendenziös". Sogar die Idee eines Symbols verweist auf etwas. So verstanden, können sich ihre „Tendenzen" in einem nur mangelhaft differenzierenden Energiesystem nur dementsprechend unscharf durchsetzen und es können andere Ideen mitwirken, die sonst durch grenzsetzende Energien daran gehindert würden.

2. Die neurotischen Ausweglosigkeiten

Im Vorstellungsleben des Neurotikers sind starke Mächte (Triebenergien, Auffälligkeiten, Eroberungswille, Durchsetzungsbestreben usw.)

an falscher Stelle eingesetzt. Auch dadurch kommt es zu Umstrukturierungen von erheblichem Umfange, die durch körperliche Dispositionen wie „Nervenschwäche", „erbliche Belastungen", „atypische Persönlichkeitsstile" usw. mitbedingt sein können. Besonders ungünstige soziale Verhältnisse können Fehlleitungen seelischer Energien herausfordern und übersteigern. Insgesamt ergibt sich auf diese Weise eine Strukturverschiebung, die in einzelnen Zügen der Strukturverwandlung der Traumhandlung ähnlich ist. Da das Ich von dieser Strukturumwandlung mitbetroffen ist, vermag es diese aus eigener Kraft nicht aufzuheben, weil die Gegenmittel, die es gegen sie ansetzt, ebenfalls sozusagen in die Sprache der Neurose übersetzt werden, die bekämpft werden soll. Der Neurotiker findet aus dem System seiner Selbstverstrickungen keinen Ausweg. Diese Ausweglosigkeit wiederum wird erlebt; sie fordert Aggression oder Resignation heraus, und die Erfolglosigkeit solcher „Maßnahmen" wiederum provoziert jene neurotische Angst vor dem Ungewissen, Bodenlosen und Versperrten, die typisch ist für die auf diese Weise heimgesuchte Existenz.

Zweifellos kann die Einmischung starker Triebe, insbesondere ist das beim Sexualtrieb der Fall, konfliktverstärkend wirken, und es ist *Freud* soweit zuzustimmen, daß die „nicht zur Verwendung gelangte Libido" (142; Ausg. 1961) Angstträume und Angstsituationen provoziert. Generell ist aber die Angst eine Folge der Verstrickung und Ausweglosigkeit, in die starke untergründige, nicht bewältigte Mächte die Traumhandlung oder im Falle des Neurotikers das neurotische Verhaltensmuster hineinmanövriert haben.

Solche Selbstverstrickungen gibt es in milderer Form auch bei „Normalen". So können sich z. B. hochbegabte Schauspieler oder Redner oft des „Lampenfiebers" vor dem Auftritt einfach nicht erwehren, obzwar sie verstandesmäßig und erfahrungsgemäß wissen, daß ihre Angst völlig unbegründet ist. Hier führt die „große Öffentlichkeit" zur Überbewertung der Situation und Überschätzung der Möglichkeit des Versagens. Nicht selten ist die Angst vor dem Versagen die eigentliche Quelle des Versagens, weil diese Angst die seelischen Energien so sehr einengt, daß sie ihr Opfer völlig lähmt.

Das Versagen entspricht in solchen Fällen dem Totstellreflex, der sich bei Tieren einstellen kann, wenn sie in Gefangenschaft geraten. Ausweglosigkeit tötet.

Rud. *Bilz* (117 ff.; 1966) hat viele Beispiele und Belege dafür erbracht, daß das Subjekt im Falle des Bedeutungserlebens radikaler Ausweglosigkeiten mit dem Erlöschen des Bewußtseins (Ohnmacht) oder des Lebens überhaupt (Vagustod) reagieren kann.

„Wenn die sinnlichen Merkmale des Entsetzlichen nicht zum Erlöschen gebracht werden können, so erlischt das Leben selbst, zum mindesten aber das Licht des Bewußtseins" *(Bilz, Rud.: 118; 1966).*

Auf Gefahren reagiert das Leben entweder durch Flucht oder durch Verhaltenheit. Wo die Flucht nicht möglich zu sein scheint und die Ausweglosigkeit zu unmittelbar-eindringlich erlebt wird, verirrt sich das Leben kurzschlüssig in die Übersteigerung der Verhaltenheit, in die Selbstlähmung. Der Neurotiker wird darüber hinaus von der aus sich selbst entwickelten Vorstellungswelt eigener Wertsetzungen gefangen gehalten. Der Patient, der an Bakterienfurcht leidet und deshalb kein Geld anfassen kann, begibt sich in die partielle Abhängigkeit von anderen Personen, die für ihn die Geldgeschäfte erledigen. Die Selbstgefangenschaft der Neurose kann so stark sein, daß die verstandesmäßig vorhandene und mögliche bessere Einsicht sich nicht durchzusetzen vermag.

„Der Neurotiker ist ein Mensch, der wie die Katze um den dampfenden Brei geht, obzwar er weiß, daß der Brei nicht heiß ist" *(Meinecke, G.: 1967).*

Oder, wie es in einer von A. *Görres* stammenden Charakteristik des Neurotikers heißt:

„Der Neurotiker will nicht wahr haben, wer er selbst und wie die Welt ist."

3. Strukturverlagerung und Selbstentfremdung

Schon die Selbstverstrickung des Neurotikers verweist auf einen Umstand der Selbstentfremdung, den Henry *Ey* das verrückte Ich nennt. Diese Verrückung betrifft weniger eine Herabsetzung der Luzidität, des Klarheitsgrades des Bewußtseins, als vor allem erhebliche Veränderungen hinsichtlich der *Selbstorientierung und Selbstgewißheit.*

Die meisten psychisch Kranken sind Menschen, „welche den *Besitz ihres Seines* verloren (oder nie in ihn gelangten), was aber bedeutet, daß sie auf eine radikale Weise aus der ‚Vernunft' und ‚Verantwortlichkeit' ausgeschlossen sind.

Die ‚Neurotischen' oder ‚Psychotischen', welche hier zu beschreiben sind, sind zwar ‚bewußt' im Sinne von ‚wach', aber in ihrem Selbst-Bewußtsein so verändert, daß sie, obzwar luzide, ‚unbewußte Wesen', nicht mehr Herren ihrer selbst, nicht mehr ‚sie selbst' sind" *(Ey, Henry: 186; 1967).*

Das Ich als ein zum Machthaben, Vorhaben und Liebhaben Bevollmächtigtes bedarf zu seiner gesunden Funktion zumindest der Illusion, ganz über sich selbst verfügen zu können. Sich seiner gewiß zu sein,

3. Strukturverlagerung und Selbstentfremdung

bedeutet zweifellos mehr als eine Illusion; doch wenn sogar diese nicht mehr aufgebracht werden kann, muß eine erhebliche Strukturverlagerung erfolgt sein, die mehr als das subjektive Selbstsicherheitsgefühl gefährdet.

Der Verlust an „Vernünftigkeit" ist nur ein äußeres Zeichen der Ichentfremdung. Die Strukturverlagerung läßt sich vergleichen mit einem *Informationszerfall,* wie er z. B. eintritt, wenn ein Kind in eine völlig andere Umwelt versetzt wird, in der fremde Sprachen gesprochen und gänzlich unbekannte Landschaftsbilder erlebt werden. Solch grenzenlose Heimatlosigkeit kann verschiedene Ursachen haben. Wenn Menschen sich nicht verstanden fühlen, so kann das einmal daran liegen, daß man ihnen kein Verständnis entgegenbringt, zum anderen aber daran, daß sie infolge eines verhängnisvollen Informationszerfalles oder infolge *mangelnder Strukturverläßlichkeit* alles „mißverstehen" und jedes Sicherheitsgefühl verlieren.

Soziale Schwierigkeiten können hierbei erheblich konfliktverstärkend wirken; sie sind aber nicht allein ausschlaggebend. Viele Neurosen sind aus Milieuschäden und dergleichen allein nicht erklärbar und von hier aus auch nicht immer heilbar. Zudem potenzieren Neurotiker vielfach ihre Schwierigkeiten, so daß der Psychotherapeut regelrecht in einem Wettrennen seine Maßnahmen ebenfalls potenzieren muß. In allen Fällen der Schwererziehbarkeit sollte außerdem daran gedacht werden, daß auch organische Schäden vorliegen können, gegen die der Erzieher machtlos ist.

Mit Recht wird auch von neurologischer Seite (u. a. von *Jantzen,* R., und *Bryde,* Marianne — 638; 1967) darauf hingewiesen, daß selbst eine offenkundige Psychogenie den organischen Hintergrund nicht ausschließe und daß umgekehrt über einem organischen Symptom oder Syndrom eine psychische Störung nicht verkannt werden dürfe (vgl. dazu auch: *Clauser,* G.: 1253; 1951).

Die ichzersetzenden und ichgefährdenden Strukturverlagerungen dürften also nicht selten aus inneren Schwierigkeiten der Leibesorganisation herkommen. Insbesondere kann es sich dabei um ererbte Fehlkonstruktionen, aber auch um Ausfälle sonst selbstverständlicher Zugänglichkeiten und überhaupt um Unsicherheiten handeln, die in einer Art innerorganischem Irrtum und Unvermögen begründet sind (vgl. *Meinecke,* G.: 51; 1953).

Für die Therapie kann der Verlust an ‚Vernunft' nur ein Leitsymptom sein, aus dem *nicht* die Empfehlung abzuleiten ist, dem Patienten ein Mehr an Vernunft zuzuführen. Abgesehen davon, daß der Neurotiker sich oft als durchaus vernünftig handelnder Mensch vorkommt, ist dieses Verfahren bei organisch mitbedingten Geisteskrankheiten überhaupt nicht anwendbar. Die Psychoanalyse hat Wege gezeigt, die als Korrektur der Strukturverlagerung zu bezeichnen sind. Praktisch kann das zwar einer Wiederherstellung der Vernunft gleichkommen, doch geschieht diese nicht auf dem Wege der üblichen Erziehung zur Vernunft, sondern durch die psychologisch gesteuerte Entwirrung von Fehlleitungen seelischer Energien. Diese wird aber um so schwieriger, je stärker die Verfremdung und je größer der Einfluß organischer Schäden ist. Die Verfilzung im Strukturzerfall kann dann so undurchsichtig sein, daß aus rein psychologischer Sicht keinerlei Leitlinien für eine erfolgversprechende Therapie erkennbar sind.

4. Die Grundverstimmungen und das Problem ihrer Bewältigung

Mit Recht spricht man zumindest bei einem Teil der Geisteskrankheiten von Gemütskrankheiten, und eigentlich müßte man auch die Erkrankung des Willens berücksichtigen und von Willenskrankheiten sprechen. Unabhängig von etwaigen Streitigkeiten um die Definitionen, die schnell ihre Grenzsetzung finden, wenn beachtet wird, daß mehr oder weniger alle Geisteskrankheiten sowohl die Verstandes- wie auch die Gemüts- und Willenskräfte beeinträchtigen, soll hier das Problem der Bewältigung der Grundverstimmungen beachtet werden, weil zu fragen ist, ob aus unbewußten Ursprüngen herrührende Konflikte durch Maßnahmen bewältigt werden können, die notwendigerweise im Bewußtsein vollzogen werden müssen.

Im Anschluß an Gedankengänge Ludwig *Binswangers* hat u. a. Medar *Boss* Belege dafür erbracht (184; 1952/53; vgl. auch: *Condrau, G.*: 1965), daß vielen seelischen Erkrankungen ein *spezifisches Verstimmtsein der Existenz* zugrunde liegt. Dieses existentielle Verstimmtsein hat jedoch nicht nur eine psychiatrische Bedeutung im engeren Sinne, sondern sie ist heutzutage so verallgemeinert, daß von einem existentiellen Verstimmtsein der Menschheit überhaupt gesprochen werden könnte.

J. *López-Ibor* (940, 987; 1952) verweist auf die große Verbreitung milderer Depressionen und nennt insbesondere vitale Depressionen. Durchaus vernunftbegabte, gesunde Menschen können plötzlich von Traurigkeit und Verzweiflung befallen werden; sie sind verstimmt, ohne zu wissen warum und ohne daß dafür jene oft zitierten unbewußten Assoziationen mit unlustbesetzten Komplexen verantwortlich zu machen wären, wie sie die Psychoanalyse vorzugsweise beachtet hat. Organische Erkrankungen sind ebenfalls oft von einem allgemeinen „Unwohlsein" begleitet; doch gibt es das Unbehagen auch ohne solche Bezüge zu direkten Gefährdungen der leiblichen Gesundheit.

„*Die Vitalität erkrankt autonom*, das ist meines Erachtens der wichtigste Punkt der Pathologie der Vitalität: denn in vielen Fällen können wir die Krankheit weder auf somatische, noch auf psychische Ursachen zurückführen. Diese Autonomie hängt nach Wesen und Ursprung mit der Autonomie des Lebens zusammen."

„Das lebende Wesen ist nicht eine bloße physikalisch-chemische Zusammensetzung, sondern ... dadurch gekennzeichnet, daß es sich selbst zu bewegen vermag ... und eine Intimität und Innerlichkeit in sich schließt ..." *(Lopez-Ibor, J.: 940, 987; 1952).*

Das Bewußtsein ist nicht nur der Ort des „klaren Verstandes", sondern auch der Erlebnisbereich unserer Existentialität. Diese weist sich jedoch keineswegs nur durch Sorge und Angst aus.

Die Angst ist offensichtlich das Thema unserer Zeit. Jener Zeitgenosse, der einerseits meint, daß er Phänomene des Lebens und des Bewußtseins durch Maschinenmodelle darstellen kann und sich lebhaft für dementsprechende Zukunftsromane interessiert, scheint andererseits der *Eindringlichkeit des Entsetzens* zu bedürfen, um sich zu beweisen, daß er lebt und ein erlebensfähiges Wesen ist.

Der grundsätzlich skeptische Intellektuelle wird durch das Angsterleben mehr von der Sonderart seines Daseins überzeugt als durch die Heiterkeit und Freude. Der Pessimist, so scheint es, nimmt es mit der Objektivität genauer als der Optimist. Daß nicht nur der Leichtgläubige, sondern auch der Schwermütige von der Vernunft abweicht, muß im letzteren Falle mühsam bewiesen werden. Für die Bewahrung der seelischen Gesundheit sind aber die positiven Daseinkriterien wie die Heiterkeit und Daseinsfreude sehr wichtige Grundstimmungen.

Das Bewußtsein ist der Erlebnisbereich aller dieser Grundstimmungen, der Wünsche, Neigungen, Begeisterungen, der zweckfreien und zweckbezogenen Interessen, der Eroberungsaussichten und Anreize und allerdings auch der negativen Stimmungen.

Für die breite Therapie ist es wichtig, diese Daseinsformen im anthropologischen Nahraum zu beachten und zu würdigen. Sie wird sich nicht darauf beschränken, „klärende Aussprachen" zu pflegen, "wohlmeinende Ratschläge" zu geben, sondern auch Empfehlungen einfacher Natur nicht mißachten, deren Realisierung in unserer Zeit so notwendig und doch so merkwürdig schwierig zu sein scheint:

„Die Beeinflussung des Gemütes ist bei den meisten Menschen nur mit Tatsachen möglich: mit der Tatsache der Freundlichkeit, des Lobes und einer Leistung, mit der Tatsache einer Betätigung, die den Patienten interessiert und erfreut, ihm eventuell Genugtuung bringt, mit einer realen Hoffnung des Erfolges, durch die Entfernung einer aufregenden, ärgernden Situation. Mit der Tatsache einer fühlbaren, mitmenschlichen Liebe, die jeder Mensch nötig hat" *(Török,* Stephan: 24; 1967).

L. Bewußtsein und seelische Gesundheit

1. Sind Programmierer Widersacher der Seele?

Die These vom Geist als Widersacher der Seele — wie sie vor allem Ludwig *Klages* verfochten hat — ist viel beachtet und auch viel kritisiert worden. J. *Meinertz* hat u. a. darauf verwiesen, daß Vorformen des Geistigen schon im Unbewußten vorkommen. Erich *Rothacker* machte geltend, daß der Geist nicht nur Widersacher, sondern im Gegenteil auch Wegbereiter der Seele sein könne.

Da die typische Geistestätigkeit zweifellos bewußtseinsabhängig ist, gerät das Bewußtsein überhaupt in Verdacht, eine Lebensstörung zu sein, während alles gesundheitliche Heil der Seele dem Unbewußten zugesprochen wird. Einer solchen Verallgemeinerung steht die Tatsache entgegen, daß das Bewußtsein eine Errungenschaft des Lebendigen ist; es könnten also bestenfalls nur die zu bewußten Vorsätzlichkeiten und ihre Übersteigerungen verdächtigt werden, einer gesunden Daseinsfreude abträglich zu sein.

Da das Bewußtsein eine wichtige Voraussetzung für das Machen, für die programmierende Umweltverwandlung, ist, steht heute eine sehr nach außen projizierte Version jener These von Ludwig *Klages* zur Debatte: das Programmieren (im weiteren Sinne) als Lebensstörung. Dabei ist unerheblich, ob die vielfach als lebensschädlich und seelenfeindlich bezeichneten zivilisationsbedingten Lebensumstände mehr aus der schöpferischen Macht des Unbewußten oder mehr aus der scharfsinnigen Kritik des Bewußten hervorgegangen sind. In diesem wie in jenem Falle ist der Mensch Urheber der zivilisationsbedingten Gesundheitsgefahren. Der Mensch ist also sein eigener Widersacher, wenn er sich lebensfeindliche Umwelten schuf und schafft. Es sind menschlich verursachte, nicht von außen kommende Katastrophen, die für Gesundheitsprobleme unserer Zeit typisch sind, Ja, sogar die Gesundheitsförderung hat Positionen geschaffen, die früher nie gekannte neue Probleme mit sich bringen. Die Überwindung der Seuchen und der Kindersterblichkeit hat in manchen Gebieten der Erde Übervölkerung und Hungersnöte provoziert.

Doch ist es richtig, hierfür das Programmieren schlechthin verantwortlich zu machen?

Grundsätzlich entspricht es dem Optimismus der Programmierer, daß sich die Technik auch *für* die seelische Gesundheit einsetzen, daß sich also auch Gesundheitsdienliches programmieren läßt. Ohne die Technik wäre die Menschheit schon längst verhungert; angesichts der stürmischen Bevölkerungszunahme in der Welt wird es notwendig sein, immer mehr Gebiete technisch zu erschließen, die bisher dem menschlichen Eingriff entzogen waren. Die weitere Ausbreitung der Technik ist ein menschliches Erfordernis; die immer mehr um sich greifende Anwendung des Prinzips der Programmierung läßt sich bei dieser Entwicklung nicht ausschließen, weil so weitgreifende Eroberungen neuer Ernährungs- und Betätigungsräume und die damit zusammenhängenden erheblichen finanziellen Aufwendungen u. a. Wirtschaftlichkeit erheischen.

Dabei sollte außerdem beachtet werden, daß die Technik das Prinzip unblutiger Eroberungen verallgemeinert hat und weiterhin verbreiten wird. Sie hat dem Menschen Betätigungsräume erschlossen, die es in der vortechnischen Zeit überhaupt nicht gab. Zahlreiche neue Berufe sind entstanden, und heutzutage sind millionenfach mehr technische PS für den Menschen tätig, als je Pferdekräfte oder Menschenkräfte eingesetzt waren.

Doch gerade weil die Technik so überaus nützlich ist und eine sich ständig erweiternde Positionsebene errungen hat, werden wir das Problem ihrer vermeintlichen oder tatsächlichen Lebensstörung nicht los. Das Programmieren im weiteren Sinne — das hier gemeint ist — bewirkt eine weitstreckige Durchsetzung des menschlichen Lebensfeldes mit immer mehr technisierten und intellektualisierten Verfahrensweisen, an die der Mensch niemals ganz angepaßt werden kann, weil jeder neu gezeugte Mensch aus der Primitivität zweier Zellen entsteht und weil jedes Neugeborene zunächst für eine Umwelt bestimmt ist, die es im technischen Zeitalter nicht mehr gibt. Zudem geschieht alles Programmieren im *absolut gemütlosen* Stil der maschinenartigen Systeme. Das Kind — und nicht nur das Kind — ist dagegen ein freude- und liebebedürftiges Wesen. Alle Kinder aller Zeiten werden voraussichtlich mit diesem Grundbedürfnis geboren werden, und es ist eine brennend wichtige Frage, ob diesem Bedürfnis nicht nur der ausreichende Betätigungsraum verbleibt, sondern auch die *wissenschaftliche* Würdigung zuteil wird. Denn es ist leicht einzusehen, daß ein zunehmender „Intellektualismus" sich eher an „maschinenartige Systeme" anpassen wird als an die Bedürfnisse des kindlichen Gemütes. Um aber in dieser und der zukünftigen Welt etwas „bewerkstelligen" zu können, bedürfen wir der intellektuellen Kräfte und der technischen Hilfen. Sogar Vorträge zugunsten des kindlichen Gemütes — um bei diesem Beispiel zu bleiben — müssen über Funk und Fernsehen verbreitet werden, wenn sie „ankommen" sollen. Die Gesundheitserziehung ist nur vermittels des Bewußtseins möglich. Es wird nicht verlangt und ist auch nicht erforderlich, daß eine Gesundheitserziehung zugunsten der menschlichen Gemütskräfte sich mystifizierender Vokabeln bedienen müßte. Wohl aber ist es an der Zeit, die Tatsache, daß der Mensch ein freude- und liebebedürftiges Wesen und daß Freude eine — wenn auch unbegreifliche — *Realität*, ein wirkliches Vorkommen in der menschlichen Natur, ist, ganz ernst zu nehmen.

2. Die zuversichtlichen Programmierer

Ungeachtet der Bemühungen im erkenntnistheoretischen Kritizismus, die Subjektivität der Vorgänge im Bewußtsein herauszustellen, konnte aus diesem gleichen Bewußtsein inzwischen eine verwandelte Welt hervorgehen. Diese Umweltverwandlung wird ungeachtet kulturpessimistischer Beschwörungen weiter fortgesetzt. Das Bewußtsein als unvermeidliche Durchgangsstation für alle Ideen, die sich in neue Dinge verwandeln, erlangt eine ständig wachsende Bedeutung.

Zwar läßt sich fragen, ob es eine ausreichend sinnhaltige oder gesunde Perspektive für den Menschen ist, immer mehr Stoff nach seinem Willen umzuformen. Schon die heutige Hauptaufgabe der Industrie, Erze und Erden in bewegtes Blech und Landschaften aus Zement zu verwandeln, kann kaum als Ideal der Sinnerfüllung des menschlichen Daseins und Wesens gelten.

Allerdings wäre dem zunächst entgegenzuhalten, daß das Leben seit Urzeiten keiner wesentlich anderen Hauptbeschäftigung nachgegangen ist, wenn es aus Stoffen und Energien artspezifische Formen aufbaute. Ob das sinnerfüllend war, läßt sich solchen Tatbeständen allein nicht ablesen. Insbesondere jene primitiven Formen der Machtanwendung im Kampfe Lebewesen gegen Lebewesen und Mensch gegen Mensch sind nicht gerade Beweise höchster Sinnerfüllung. Die oft zitierte „gute alte Zeit" war doch in vieler Hinsicht überaus brutal.

Immerhin gibt die Nutznießung enormer Naturkräfte dem Menschen die Chance, z. B. auf menschliche Sklaven ganz zu verzichten. Hat doch *Aristoteles* schon gemeint, die Sklaverei würde aufhören, wenn die Webstühle von selbst weben würden. Zwar hat es gerade dieser Webstühle wegen in der Geschichte der Technik zeitweise gegenteilig wirksame Situationen gegeben — das Problem: Maschine gegen Mensch ist auch heute noch nicht ausgestanden —, doch insgesamt hat die Technik zu einer enormen Erweiterung des menschlichen Tätigkeitsfeldes geführt. Wird es der zuversichtliche Programmierer verstehen, die Aufgaben der sozialen und psychischen Hygiene in seine Zielsetzungen einzubeziehen, dann besteht Aussicht auf eine wirklich positive Weiterentwicklung. Zunächst noch von vielen unbemerkt, wandelt sich bereits der Stil der Machtanwendung. Schon heute ist der Mensch im Durchschnitt zeitlich mehr mit Aufgaben der bewältigenden als solchen der überwältigenden Machtanwendung beschäftigt. Die allgemeine Wertschätzung sucht ihre Ideale immer mehr in der Bewältigung als in der Überwältigung. Wohl vollzieht sich diese bedeutendste aller Revolutionen langsam und manchmal zu langsam, doch sie geschieht.

3. Die Existenz zwischen „Gemachtem" und „Gewachsenem"

Ludwig *Klages* (214; 1928) hat die fortschreitende Mechanisierung und Schablonisierung des Lebens beklagt und in ihr eine Bedrohung der Persönlichkeit gesehen. Philipp *Lersch* (526; 1956^7) verweist auf die mit der „Mache" verbundene *Unechtheit*, entstanden als „Abfall vom Organischen auf Grund der Bewußtheit". Vor einem Übergriff der Technisierung auf menschliche Beispiele warnen nicht nur „Organiker", sondern auch Physiker und Ingenieure (vgl. Max *Born*: 189; 1965; F. *Heske:* 199; 1954).

Nun ist allerdings das „Gemachte" nicht das Gesundheitsgefährdende schlechthin. Unser modernes Gesundheitsleben, überhaupt die Zivilisation, derzufolge die Menschheit noch am Leben ist, darf weitgehend als etwas vom Menschen Gemachtes bezeichnet werden.

Ebensowenig stimmt es, daß „Gewachsenes" durchweg Gesundheit garantieren müßte. Zwar ist dieses u. a. das Ergebnis von Auslesevorgängen einer langfristigen Stammesgeschichte. An seiner Harmonisierung und Stabilisierung haben sozusagen Jahrmillionen mitgewirkt. Doch eben aus diesem Grunde gibt es sehr viel Starres und Unangepaßtes im

"Gewachsenen". Es gibt in ihm — um im Bilde zu bleiben — sehr viel böses Unkraut.

Hinsichtlich der Frage der Unechtheit ist zu beachten, daß es u. a. zwei Haupttypen der Unechtheit gibt, die *beide* in den Bewußtseinsbereich hineinwirken:

1. die Mache der *"Macher"*
2. die Heuchelei der *"Mystiker"*

Die „Macher" neigen dazu, ihren Gegentypus der Heuchelei zu bezichtigen. Die „Mystiker" beanstanden den Mangel an Tiefe bei den „Machern". Die einen übertreiben die Ehrfurchtslosigkeit, die anderen die Ehrerbietigkeit. Im Extrem sind beide Typen unecht und beide nicht geeignet, seelische Gesundheit zu garantieren.

Es ist damit zu rechnen, daß die Technisierung der menschlichen Lebensumstände sich noch weiter ausbreiten wird. Sie wird auch vor den Bereichen des menschlichen Gemütslebens nicht einhalten. Schon heute wird unverhohlen von Liebes*technik*, Glücks*technik* und von programmiertem Unterricht in Fragen einer besseren Herstellung ehelicher (und vorehelicher) Zärtlichkeits*technik* gesprochen.

Doch in dieser Hinsicht gelangt die Technisierung an Grenzen, die ihr vom Leben und seiner Wesensart selbst gesetzt werden. Da das Leben nicht nur herrschen und erobern, sondern auch lieben will, wird es Eingriffe der Technik in das Gemütsleben nur soweit bejahen, soweit diese ihm zugleich neue Aussichten auf *liebenswerte Überraschungen* bieten. So sehr das Leben einerseits auf Erweiterung seines schon im Biologischen angelegten Vorgriffes aus ist, so sehr ist es an Überraschungen interessiert. Programmierte „Abenteuer" sind keine Abenteuer. Das Abenteuer, ein Mensch zu sein *(Burkhardt, Hans: 12 ff.; 1954),* setzt auch den Programmierern Grenzen. Ob wir hierbei an die Fragilität und das Zugespitzte des Abenteuerlichen (vgl. die diesbezüglichen Ansätze einer *Philosophie des Abenteuers* bei O. *Becker:* 1929) oder an die grundsätzliche *Dramaturgie* des Lebendigen (vgl. *Helwig,* Paul: 1958) denken, eine etwaige überraschungsfreie Programmierung würde dem Lebendigkeitserleben widersprechen. Der Mensch will etwas „erleben", er will sich freuen, will lieben und geliebt werden. Er will sein Leben „genießen", will, daß dieses *reizvoll* sei, was beinahe gleichbedeutend damit ist, daß es ihm Überraschungen, Unvorhergesehenes, Unberechnetes bieten soll. Zwar beweist die heutige Vergnügungsindustrie, daß die Technik auch hierbei eingesetzt werden kann. Doch gilt dabei der Grundsatz, daß die Technik nur Eroberungshilfe leistet und daß der Mensch sich nicht den Reiz des Eroberns rauben lassen möchte.

Von diesem Grundsatz sind Forschung und Lehre selbstverständlich nicht ausgeschlossen. Ansonsten würden die Wissenschaften zu Bereichen gepflegter Phantasielosigkeit degradiert. Der *programmierte Unterricht* z. B. kann sich nur dann zu einem brauchbaren pädagogischen Instrument entwickeln (nähere Begründungen siehe: *Meinecke*, G.: 86 f.; 1969), wenn er Überraschungen herauszufordern vermag. *Wagenschein* vermißt am programmierten Unterricht jene Fülle *unvorhersehbarer Möglichkeiten*, wie sie das sokratische Gespräch zutage bringt. Namentlich das Kind will Überraschungen erleben:

„Kinder, wenn ihr Denken erwacht ist, denken überraschend und überraschend gut" *(Wagenschein*, Martin: 78; 1968).

In manchen Bereichen ist die Technik zudem schon aus ihrem Eroberungsstadium heraus. Die Zahl technischer Sachverwalter steigt rapide. Um so mehr sollten wir das *schöpferische Gespräch pflegen* (vgl. u. a. Hans *Spemann:* 281; 1943; und Wolfgang *Metzger:* 24; 1962).

Gewiß wird der Mensch in der weiteren Zukunft mehr noch als bisher planend auf seine Sicherung bedacht sein. Doch zugleich wird er den Reiz seiner unmachbaren Lebendigkeit erleben wollen. Schon deshalb darf das Programmieren und Technisieren nicht zum Selbstzweck werden, zumal dem Menschen übermenschlich starke Energien anvertraut sind, die ihn fortgesetzt zu gefährlichen Übersteigerungen verführen. Unsere gegenwärtige und künftige seelische Gesundheit wird daher eine *Lebenskunst* erfordern, die den Reiz des Lebens zwischen den Extremen der Reizüberflutung und Reizlosigkeit zu bewahren vermag:

„Wer sich in jeden Genuß stürzt und sich nichts versagt, wird haltlos, wer jeden meidet wie ein Spießer, wird stumpfsinnig" *(Aristoteles;* hrsg. v. *Lehmann-Leander:* 162).

4. Naturgegebene Grenzen der Programmierbarkeit

Neben den vorhin erörterten Beschränkungen des Programmierens, die sich aus Interessen und Wünschen ergeben, ist noch kurz die Frage der naturgegebenen Grenzen zu berücksichtigen.

Eine der naturgegebenen Grenzen der Programmierbarkeit ist das Maß der *Genauigkeit*, das gefordert wird. Die quantifizierende Methodik der Programmierung beruht auf Abstraktion, d. h. auf einer Auswahl von Beziehungen. Als solche kann sie nie die volle qualitative Genauigkeit der Wirklichkeit erfassen. Auch im Unbelebten ist die Vorherbestimmbarkeit immer nur eine streckenweise und beziehungsweise gültige. Im Belebten ist die Eigenmacht nicht programmierbar. Ob die von der Macht ausgeübte Strenge modellartig in technischen Systemen durch deren apparative Funktion dargestellt werden kann, ist zumindest in jenen Fällen fraglich, in denen eine korpuskulare Sicherung der Strenge fehlt.

Unabhängig von der möglichen direkten Schädigung der Gesundheit durch Anwendung maßlosen Programmierens auf lebende Systeme ist die indirekte Gefahr zu beachten, die sich aus unzutreffenden Aussagen ergibt. Eine Ermittlungsmethode muß wesensgemäß sein. Nicht jede Strenge ist eine technisch oder mathematisch erfaßbare Strenge. Beharrungen im psychischen Bereiche sind anderer Natur als das physikalische Beharrungsphänomen. Ästhetische Harmonien können, müssen aber nicht mathematisch erfaßbar sein. Treue ist eine andere Art Bindung als technische Festigkeit, Hingabe etwas gänzlich anderes als eine Anziehungskraft im physikalischen Sinne. So gibt es eine Fülle von Tatsachen in der Welt, die sich nicht im technischen Ermittlungsverfahren wirklichkeitsgemäß erfassen lassen.

Es existiert noch keine technische Methode, die dem naturgegebenen Wesen des Lebendigen oder gar des Bewußtseins gerecht zu werden vermag. Es fehlt uns noch jede naturwissenschaftliche Grundkenntnis, um die „Konstruktion" des Sichgewahrseins technisch begreifen zu können.

M. Leistung und Rang des Bewußtseins (Zusammenfassung)

1. Das spezifische Leistungsrelief des Bewußtseins

Es ist schwierig, in einer knappen Zusammenfassung unter den Bewußtseinsvorgängen diejenigen auszusortieren, die speziell das Bewußtsein konstituieren neben solchen, die nur von ihm abhängig sind. In der Natur des Lebendigen ist Unterscheidbares nicht unbedingt zugleich etwas Gesondertes; namentlich im Bewußtsein gibt es das Phänomen der gegenseitigen Durchdringung.

Vielfach werden in der Bewußtseinsliteratur dem Bewußtsein jene Leistungen zuerkannt, die die Mitwirkung des Bewußtseins, nicht aber speziell das Bewußtsein selbst erfordern. So nennt man das Erkennen, Denken, Wollen und Fühlen Bewußtseinsvorgänge, was aber nur insofern richtig ist, als diese im Bewußtsein angetroffen werden und ein Bewußtloser zu solchen Leistungen nicht fähig ist.

Zudem erweckt die Frage nach den Leistungen in unserer Zeit Erwartungen, denen ein physiologisches Leistungsbild oder gar das von Maschinen zugrunde liegt. So wird merkwürdigerweise die Hauptleistung des Bewußtseins, nämlich uns das Sich-lebendig-Wissen zu vermitteln, lediglich wie eine Nebenerscheinung bewertet. Auch unter phylogenetischem Aspekt wird das Bewußtsein — sofern man es überhaupt als Naturphänomen würdigt — als eine Art Zugabe aufgefaßt. Mit der Verbesserung des internen „Nachrichtenwesens" soll dem belebten Leib sozusagen im Zuge einer besonderen Zentralisation auch das Bewußtsein zuteil geworden sein, ohne daß dieses von einem biologischen Vervollkommnungsstreben speziell angezielt worden wäre.

Doch auch dann, wenn das Erringen der Positionsebene der Befähigung zum Bewußtsein nur einem Glückstreffer in der Entwicklungslotterie zu verdanken gewesen wäre, so schlösse das nicht aus, daß auf dieser Positionsebene besondere Leistungen möglich sind.

Das Bewußtsein ermöglicht jene besondere Form der bewältigenden Machtausübung, die in unserer Zeit besonders deutlich dokumentiert

1. Das spezifische Leistungsrelief des Bewußtseins

wird. Die allgemeinere biologische Bedeutung der Sondermacht des Bewußtseins zeigt sich, wenn ein Mensch „das Bewußtsein verliert", „in Ohnmacht fällt". Wie der Name treffend sagt, heißt das, daß der Mensch ohne Macht ist. Allerdings verlischt mit dem Bewußtsein manches andere, das nicht speziell dem Bewußtsein entstammt. So bedarf die Position des Bewußtseins des Hintergrundes der Person und des Untergrundes des Lebendigen, um mächtig sein zu können. Die Sonderform der Macht des Bewußtseins ist also keineswegs alleiniges Verdienst des Bewußtseins.

Eindeutig bewußtseinstypisch ist die Befähigung zum *Sichgewahrsein*. Das bedeutet allerdings nicht, daß dieses Sichgewahrsein erschöpfend darzustellen vermöchte, was das Bewußtsein wirklich ausmacht. Wohl aber ist es eine bewußtseinsspezifische Beziehungsrealität, zu der wir einen wissenschaftlich sicheren Zugang haben. Diese ermöglicht u. a. nicht nur die psychologische Selbstbeobachtung und das eigentliche Wissen von uns selbst, sondern auch entscheidende selbstkritische Einsichten in den produktiven Leistungsbereich des Bewußtseins und außerdem das Erleben von Aussichten und schöpferischen Möglichkeiten. Insgesamt gesehen ist das Bewußtsein eine wichtige Positionsebene der bewältigenden Machtanwendung.

Spezifische Leistungen des Bewußtseins

Mit der Position der Bewußtseinsfähigkeit errang das Leben die Fähigkeiten:

I. *Sich erleben zu können*, z. B.   das „Bei-sich-Sein", das „Sich-lebendig-Wissen", das „Sich-betroffen-Wissen" u. a. von *Lust und Leid*

II. *Etwas erleben zu können*, z. B.   das „Dabei-Sein", Ergriffensein, die „Affizierbarkeit" *(Kant)*

III. *Sich mächtig zu wissen*, z. B.   sich einsatzfähig zu wissen, etwas vorhaben zu können, um Chancen zu wissen

IV. *Sich abhängig zu wissen*   Einsicht zu haben in Erwägungen, in Existenzbedingungen (Selbstkritik), in Stimmungslagen

2. Die qualitative Reichhaltigkeit an Wertungsaspekten im Bewußtsein

Das Bewußtsein ist nicht nur der Bereich, in dem sich kritische Erwägungen um Wahrheit oder Unwahrheit klären, sondern es ist von vielen und sehr unterschiedlichen Wertungsaspekten erfüllt. Mag der eigentliche Ursprung solcher Wertungen zu einem großen Teil aus tieferen „Schichten" der *Person* herkommen, so bedürfen sie doch weitgehend der Bühne des Bewußtseins, um im eigentlichen Sinne zu existieren.

In die bewußte Geisteswelt hineinwirkende Wertungen

wahr	— unwahr
echt	— unecht
verläßlich	— unverläßlich
widerspruchslos	— widersprüchlich
geordnet	— ungeordnet
unbestechlich	— bestechlich
treu	— bindungslos
tolerant	— intolerant
systemerhaltend	— systemzerstörend
lebensdienlich	— lebensfremd
gesund	— ungesund
zweckmäßig	— unzweckmäßig
gezügelt	— ungezügelt
gut	— schlecht
gütig	— böse
schön	— häßlich
harmonisch	— disharmonisch
reizvoll	— reizlos
verlockend	— abschreckend
belustigend	— unerfreulich
wachsend	— verkümmernd
erobernd	— stagnierend
überraschend	— monoton

usw. usw.

Diese Tabelle ist unvollständig. Wichtiger als die etwaige Vollständigkeit ist das Phänomen des Wettstreites und der gegenseitigen Durchdringung verschiedener Wertungsaspekte: Etwas kann wahr sein, aber es wird nicht angestrebt, weil es z. B. unzweckmäßig ist. Es kann aber ebenso intensiv gerade deswegen angestrebt werden. Etwas ist nicht schön oder es ist sogar böse, aber dennoch kann es reizvoll sein. Eine Wahrheit kann gesund, aber sie kann auch tödlich sein. Sie kann mehr oder weniger von Güte durchstimmt, aber sie kann auch von nüchterner Kälte beherrscht sein.

3. Zur Rangbestimmung des Bewußtseins

Das Sich-lebendig-Wissen im Bewußtsein betrifft einen Wert von so hohem Rang, daß dieser mit den üblichen Leistungsmaßstäben nicht erfaßt werden kann.

Allerdings ist die Begründung dieser Rangbestimmung eine sehr persönliche. Es mag Menschen geben, die ihres bewußten Lebens so überdrüssig sind, daß sie sich einen Dauerschlaf oder gar den Tod wünschen. Doch die Mehrzahl der Menschen will das Bewußtsein nicht verlieren. Kaum jemand möchte sein irrtumsanfälliges Dasein mit einer Höchstleistungsmaschine vertauschen, die alles Wissen der Welt gespeichert hat, aber selbst von diesen und anderen Begebenheiten völlig unangefochten bleibt, die nichts erlebt und daher geistig und seelisch *absolut leer* ist. Auch einem Kinde, das einfach nur da sein will, wünschen wir solche Bewußtlosigkeit nicht. Der dauernde Verlust des Bewußtseins wird wie ein Totsein bewertet. So gehört es auch zu der vollständigen Ausrüstung des Mitmenschen, daß sich dieser lebendig fühlt. Roboter sind keine Mitmenschen.

So sehr diese Rangbestimmung die Rangzuweisung eines *wünschenden* Subjektes ist, so absolut objektiv ist das Vorkommen solcher wünschenden Subjekte in der bewußt lebenden Natur.

Literaturverzeichnis

Aristoteles: Aus der Schrift über die Seele. In: Aristoteles, Analytiker der Wirklichkeit (hrs. v. *Lehmann-Leander,* E. R.). Wiesbaden o. J.

Arnold, Wilh.: Person, Charakter, Persönlichkeit. Göttingen 1962[2]

— Neuere Ergebnisse der Gedächtnisforschung. Der Nervenarzt *34:* 5 (1963)

— Stellungnahme zu L. *Minsky* (Umschau 2/1968). Umschau *68:* 222 (1968)

Ballauf, Theodor: Das Problem des Lebendigen. Bonn 1949

Bavink, Bernhard: Gehirn, Seele, Bewußtsein. In: Ergebnisse und Probleme der Naturwissenschaften. Zürich 1948[9]

Bay, E.: Zum Problem der Hirnlokalisation. Dtsch. med. Wschr. *81:* 261 (1956)

Becher, E.: Gehirn und Seele. Heidelberg 1911

Becker, O.: Von der Hinfälligkeit des Schönen und der Abenteuerlichkeit des Künstlers. Halle 1929

Beckmann, H.: Die erste elektrische Glühlampe. Elektrotechn. Zschr. H. 47/48, 1923

Behaghel: Bewußtes und Unbewußtes im dichterischen Schaffen. Gießen 1906

Bergius, Rud.: Formen des Zukunftserlebens. München 1957

Bilz, R.: Der Vagus-Tod. Eine anthropologische Erörterung über die Situation der Ausweglosigkeit. Die Med. Welt *17:* 117 (1966)

Binswanger, L.: Grundformen und Erkenntnis menschlichen Seins. Zürich 1953

Blechschmidt, E.: Die Entwicklung des menschlichen Nervensystems. Göttingen 1964

— Vom Ei zum Embryo. Stuttgart 1968

Bollnow, O. F.: Neue Geborgenheit. Stuttgart 1955[2]

Boring, E. G.: A History of Experimental Psychology. 1957

Born, Max: Symbol und Wirklichkeit. In: Von der Verantwortung des Naturwissenschaftlers. München 1965.

Bühler, Karl: Die Krise der Psychologie. Stuttgart 1965[3]

Bumke, O.: Gedanken über die Seele. Berlin 1942

Burkhardt, Hans: Das Abenteuer ein Mensch zu sein. Wolfshagen-Scharbeutz 1954

Butenandt, Ad.: Neuartige Probleme und Ergebnisse der biologischen Chemie. Wiesbaden 1954

Butenandt, Ad.: Das Leben als Gegenstand chemischer Forschung. Vortrag am 3. 11. 1958 in Hamburg

Clauser, Günther: Diagnostische und therapeutische Überlegungen zum sogenannten „Psychogenie"-Begriff. Dtsch. med. Wschr. *76:* 1523 (1951)

Condrau, Gion: Die Daseinsanalyse von Medard *Boss* und ihre Bedeutung für die Psychotherapie. Bern 1965

Conrad, K.: Bemerkungen zum Aufsatz von *Schaltenbrand:* Das Lokalisationsproblem in der Hirnrinde. Dtsch. med. Wschr. *75:* 553 (1950)

Cranichstedten-Czerva, Rud.: Peter Mitterholzer. Wien 1924

Dauthendey, Max: Der Geist meines Vaters. Ein Lebensbild. München 1925

Descartes, René: Abhandlungen über die Methode. In der von Ivo *Frenzel* besorgten Auswahl. Frankfurt 1960

Dessauer, Friedr.: Streit um die Technik. Freiburg i. Br. 1959

Diels, H.: Antike Technik. Leipzig 1914

Driesch, H.: Philosophie des Organischen. Leipzig 1928^4
— Selbstbesinnung und Selbsterkenntnis. Leipzig 1940

Duncker, Karl: Zur Psychologie des produktiven Denkens. Berlin 1935

Dürken, Bernh.: Die Hauptprobleme der Biologie. München 1949^4

Eccles, John C.: Funktionsweisen des normalen Mechanismus im Zentralnervensystem. Umschau *20:* 139 (1967)

Ehrenfels, Chr. v.: Über Gestaltqualitäten. Vjschr. d. wiss. Phil. *14:* 249 (1890)

Erdmann, Rhoda: Praktikum der Gewebepflege oder Explantation, besonders der Gewebezüchtung. Berlin 1922

Erismann, Th. H. jun.: Zwischen Technik und Psychologie. Berlin-Heidelberg 1968

Ey, Henri: Das Bewußtsein. Berlin 1967

Franck, U. F.: Elektrizitätserzeugung in lebenden Organismen. Chemie-Ingenieur-Technik *38:* 612 (1966)

Freud, Sigm.: Das Ich und das Es. In: Ges. Werke *13:* 239; London 1940
— Abriß der Psychoanalyse. Ausg. Frankfurt 1965 (258.—270. Taus.)
— Die Traumdeutung. Frankfurt 1961

Frisch, Max: Homo faber. Frankfurt 1962 (40.—44. Taus.)

Fröbes, J.: Die produktive Geistestätigkeit oder die schöpferische Phantasie. In: Lehrbuch der exp. Psychologie *2:* 215; 1929

Garbeis, F. W.: Das Problem des Bewußtseins in der Philosophie Kants. Wien-Leipzig 1924

Geiger: Fragment über den Begriff des Unbewußten. Jb. phil. u. phän. Forsch. 4; Halle 1921

Geyser: Abriß der allgemeinen Psychologie. Leipzig 1922

Giese, Fritz: Das außerpersönliche Unbewußte. Braunschweig 1924

Glees, P.: Elektrophysiologische und strukturelle Komponenten der Gedächtnisbildung. Universitas 19: 529 (1964)

Glockner, Hermann: Das Abenteuer des Geistes. Stuttgart 1947³

Grau, H. J.: Die Entwicklung des Bewußtseinsbegriffs im 17. und 18. Jahrhundert. Abh. Phil. 39: 1 (1916)

— Bewußtsein, Unbewußtes, Unterbewußtes. München 1922

Graumann, C. F.: Bewußtsein und Bewußtheit. Hdb. Psych. I; Göttingen 1965

Günther, Gotthard: Das Bewußtsein der Maschinen. Berlin-Baden 1957

Guttenberg, H. v.: Die anatomisch-physiologischen Grundlagen pflanzlicher Bewegungserscheinungen. Biol. Jahrh. Gütersloh 1960

Haeckel, Ernst: Die Welträtsel. Leipzig 1899 (221.—230. Taus.)

Hartmann, Nic.: Das Problem des geistigen Seins. Berlin 1933

Heidegger, Martin: Sein und Zeit. Halle 1929

— Platons Lehre von der Wahrheit. Bern 1947

Helwig, Paul: Dramaturgie des menschlichen Lebens. Stuttgart 1958

Hensel, Herbert: Phänomen, Modell, Experiment. Hippokrates 39: 197 (1968)

Heske, Franz: Zur Philosophie einer Ganzheit vor den Teilen. In: Organik; Berlin 1954

Janssen, Otto: Dasein und Wirklichkeit. München 1938

Jaspers, K.: Wahrheit und Wissenschaft. Basel 1960

Johnson, James F.: Der Mann, der den Eiffelturm verkaufte. In: Berühmte Kriminalfälle. Stuttgart-Zürich-Wien 1966

Kankeleit, Otto: Das Unbewußte als Keimstätte des Schöpferischen. München 1959

Kant, Immanuel: Metaphysische Anfangsgründe der Wissenschaften. 1786

— Anthropologie in pragmatischer Sicht. 1798

Keidel, Wolf D.: Kybernetische Leistungen des menschlichen Organismus. ETZ A 85: 769 (1964)

— (Hrsg.): Kurzgefaßtes Lehrbuch der Physiologie. Stuttgart 1967

Klages, Ludwig: Der Geist als Widersacher der Seele. 3 Bde. Leipzig 1929 bis 1932

— Vom Wesen des Bewußtseins. Leipzig 1933

Knüfer, Carl: Grundzüge der Geschichte des Begriffs Vorstellung von Wolff bis Kant. Abh. z. Phil. 37. Heft; Halle 1911

Köhler, Wolfg.: Dynamische Zusammenhänge in der Psychologie. Bern 1958

Krallmann, Dieter: Automatische Sprachübersetzung. Umschau *68:* 102 (1968)

Kreibig: Beiträge zur Psychologie des Kunstschaffens. Zschr. f. Ästh. *4;* Stuttgart 1909

Kries, v.: Über die materiellen Grundlagen der Bewußtseinserscheinungen. Tübingen 1903

Krobel, W., und G. *Krohm:* Die Wirkung geringer Strahlendosen auf die Signalerzeugungs- und Fortleitungseigenschaften in Froschnerven. Atomkernenergie *4:* 280 (1959)

Kuhn, Wolfgang: Ganzheitliche Menschenkunde in exemplarischer Sicht. Freiburg 1962

Landgrebe, Ludwig: Philosophie der Gegenwart. Berlin 1958

Lashley, K. S.: In search of engram. Cambridge 1950

Lersch, Philipp: Aufbau der Person. München 1956⁷

Linke, Paul: Verstehen, Erkennen, Geist. Arch. ges. Psych. *49:* 43 (1936)

Lipps, Th.: Vom Fühlen, Wollen, Denken. Leipzig 1902

Litt, Th.: Die Selbsterkenntnis des Menschen. 1938

— Das Problem der Selbsterkenntnis. Universitas *11:* 1259 (1950)

López-Ibor, J.: Die Vitalität als Grundlage der psychosomatischen Pathologie. Dtsch. med. Wschr. *77:* 940, 987 (1952)

Meinecke, Georg: Herkunftsbeziehungen des Schöpferischen? Zschr. f. Psych. *146:* 69 (1939)

— Der organisatorische Ort. Arch. Psychiatr. *186:* 516 (1951)

— Psychologie und Medizin. Schweiz. med. Wschr. *83:* 51 (1953)

— Der Gehorsam in der biologischen Funktion. Med. Mschr. *7:* 202 (1953)

— Naturgesetz und Psychologie. Psych. Rsch. *12:* 268 (1961)

— Positionen des Lebendigen. Stuttgart 1966

— Die Rang- und Machtposition als Ganzheitskriterium. Ber. 25. Kongr. Dtsch. Ges. Psychol.: 618; Göttingen 1967

— Psychohygiene des Daseinsgenusses. Stuttgart 1969

Meinertz, J.: Psychologie und Metaphysik. Psyche *8:* H. 12 (1955)

Metzger, Wolfgang: Schöpferische Freiheit. Frankfurt/M. 1962

Minsky, Marvin L.: Information, Computer und künstliche Intelligenz. Frankfurt 1967

— Künstliche Intelligenz. Umschau *67:* 713 (1967)

Müller, O.: Die Lehre vom Unbewußten in der deutschen Philosophie. München 1930

Muralt, A. v.: Neuere Ergebnisse der Nervenphysiologie. Berlin-Göttingen-Heidelberg 1958

Neuhaus, Wilhelm: Der Aufbau der geistigen Welt des Kindes. München 1962²

Oparin, A. J.: Das Leben. Seine Natur, Herkunft und Entwicklung. Stuttgart 1963

Platon: Sämtliche Werke 4 (25. Taus.; Ausg. Hamburg 1959)

Probrashenski, Boris: Notiz in: Die Sowjetunion, H. 12: 15 (1968)

Ramon y Cajal, S.: Regeln und Ratschläge zur wissenschaftlichen Forschung. München 1964⁴

Rathenau, Walther: Zur Mechanik des Geistes. Berlin 1922¹²⁻¹⁴

Rawitscher: Reizerscheinungen der Pflanzen (Nastien). Hand. v. Naturw. *8:* 430 (1933)

Rothacker, Erich: Die Schichten der Persönlichkeit. Leipzig 1947³

Schaltenbrand: Das Lokalisationsproblem in der Hirnrinde. Dtsch. med. Wschr. *75:* 535 (1950)

Schleich, Carl Ludwig: Vom Schaltwerk der Gedanken. Berlin 1919¹⁸⁻²¹

Schramm, G.: Der Informationsgehalt der Nucleinsäuren. Dtsch. med. Wschr. *89:* 65 (1964)

Seifert, Friedr.: Seele und Bewußtsein. Basel 1962

Semon, R.: Die Mneme als erhaltendes Prinzip im Wechsel des organischen Geschehens. 3. Aufl. Leipzig 1911

Sherrington, Charles: Körper und Geist. Bremen 1964

Siebert: Fehlleistung und Traum. Leipzig 1934

— Die Gestaltbildung im Traum. Arch. f. d. ges. Psych. *90:* 367 (1934)

Sitte, Peter: Bau und Feinbau der Pflanzenzelle. Stuttgart 1965

Spatz, H.: Bemerkungen zu dem Aufsatz von *Schaltenbrand.* Dtsch. med. Wschr. *75:* 554 (1950)

— Neuronenlehre und Zellenlehre. Münch. med. Wschr. *94:* 1154 u. 1209 (1952)

Spemann, Hans: Forschung und Leben. Stuttgart 1943

Starck, D.: Embryologie. Stuttgart 1955

Steinbuch, K.: Die informierte Gesellschaft. Zschr. f. prakt. Psych. *8:* 266 (1968)

Stochdorph, O.: Nervensysteme und Nervengewebe. Münch. med. Wschr. *106:* 1301 (1964)

Strunz, Kurt: Integrale Anthropologie und Kybernetik. Heidelberg 1965

Tack: Diskussion zum Referat F. *Klix.* Ber. ü. d. 25. Kongr. f. Psych. Göttingen 1967

Thomae, H.: Das Bewußtseinsproblem in der modernen Psychologie. Der Nervenarzt *33:* 477 (1962)

Török, Stephan: Thymotherapie. Göttingen 1967

Wagenschein, Martin: Verstehen lernen. Weinheim 1968

Wagner, R.: Probleme und Beispiele biologischer Regelung. Stuttgart 1956

— Regelungsvorgänge im belebten Organismus. Therap. Umsch. *16*, Nr. 12 (1959)

Walter, G.W.: Das lebende Gehirn. Stuttgart 1963

Weinschenk, Carl: Die Leistung des Bewußtseins. Berlin 1940

Weitzel, Günther: Weltanschauliche Aspekte der Biochemie. Naturw. Rdsch. *17:* 216 (1964)

Weizsäcker, C. F. v.: Das philosophische Problem der Kybernetik. Hamb. Ärzteblatt *22:* 124 (1968)

Wellek, Albert: Das Bewußtsein und die phänomenologische Methode in der Psychologie. In: Ganzheitspsychologie und Strukturtheorie. Bern 1955

— Allgemeine Probleme der Semantik und Symbolik. Ber. 25. Kongr. Dtsch. Ges. Psychol.: 622; Göttingen 1967

Wenzl, Aloys: Erinnerungsarbeit bei erschwerter Wortfindung. Arch. f. d. ges. Psych. *85:* 181 (1932) u. *95* (1939)

Wertheimer, Max: Produktives Denken. Frankfurt/M. 1957

Wiener, Norbert: Mensch und Menschmaschine. Frankfurt 1952

Windelband, W.: Die Hypothese des Unbewußten. Heidelberg 1914

Wirth, W.: Zur Zurückführung der seelischen Akte auf Bewußtseinsinhalte und psychische Dispositionen. Jena 1923

Printed by Libri Plureos GmbH
in Hamburg, Germany